# आदिवासी रिपोर्टिंग

मध्यप्रदेश के जनजाति समुदाय की जीवंत कथाएं

## अंकित पचौरी

ink Scribe

# Adivasi Reporting

Publisher: Inkscribe Media Pvt. Ltd

ISBN Number: 978-1-966421-70-2

# अनुक्रम

# अनुक्रम

# प्रस्तावना

पत्रकारिता का असली उद्देश्य सिर्फ खबर देना नहीं होता है। तकनीक और सुलभ संप्रेषण के जमाने में यह काम तो कोई भी कर सकता है। पत्रकारिता का असली काम ताकतवर और सत्ता में बैठे लोगों से सवाल पूछना है और उस कमजोर की आवाज को सामने लाना जिसे बार-बार दबा दिया जाता है।

पत्रकार और लेखक अंकित पचौरी की यह पुस्तक "आदिवासी रिपोर्टिंग 'इसी सवाल का जवाब देती है। यह किताब खोजी रिपोर्ताज और लेखों का सिर्फ संकलन नहीं है बल्कि उन कहानियों की गूंज है जो जंगलों, पहाड़ियों और उन बस्तियों से आई हैं जहाँ तक परंपरागत मीडिया की नजर बहुत कम जाती है। अंकित ने एक खोजी रिपोर्टर की जिम्मेदारी निभाते हुए उन खबरों पर काम किया है जिन्हें सामान्यतः मेनस्ट्रीम का मीडिया नजरंदाज कर देता है।

इस पुस्तक को पढ़ते समय मुझे ऐसा महसूस नहीं हुआ कि मैं कोई समाचार रिपोर्टों का संकलन पढ़ रहा हूँ। यह एक यात्रा थी-मध्यप्रदेश के

वनांचलों से होते हुए उन आदिवासी घरों तक, जहाँ मिट्टी की दीवारों के पीछे वर्षों की उपेक्षा, संघर्ष और जिजीविषा छिपी हुई है।

अंकित का लेखन बेहद सरल है लेकिन उसकी सादगी में एक तीव्रता है। वह किसी भी विषय को जब छूते हैं तो सतह पर नहीं रुकते-वह उसकी तह तक जाते हैं। उदाहरण के तौर पर, किताब का वह अध्याय जिसमें सहारिया दंपत्ति ज्ञानी और जानकी की जमीन की लड़ाई दिखाई गई है। यह केवल एक जमीन के पट्टे की कानूनी लड़ाई नहीं है, बल्कि उस तंत्र की विफलता का दस्तावेज है जिसने आदिवासियों को वायदे तो दिए लेकिन सुरक्षा नहीं दी। 2013 में मिली जमीन, 2021 में जिला कलेक्टर के आदेश के बावजूद कब्जे में नहीं आई। और जब 2023 में उन्होंने मुख्यमंत्री जनसुनवाई में अपनी पीड़ा रखी, तो दो हफ्ते बाद तक जवाब नहीं मिला।

यह किताब ऐसे ही अनुभवों का सिलसिला है। कहीं शिक्षा पर संकट है, तो कहीं स्वास्थ्य व्यवस्था की अनुपलब्धता आदिवासी समाज को पीछे धकेल रही है। अंकित ने अशोकनगर और शिवपुरी जिलों में सहारिया समाज के बच्चों की शिक्षा पर जो रिपोर्ट की, उसमें साफ दिखता है कि स्थानीय भाषा के शिक्षकों की कमी और सरकारी उपेक्षा कैसे शिक्षा को असंभव बना देती है। अशोकनगर की सपना सहरिया के पिता का यह वाक्य की "स्कूल की भाषा न समझ आने के कारण बेटी ने पढ़ाई छोड़ दी' एक तरह की विवशता नहीं बल्कि चेतावनी है।

पुस्तक का एक अध्याय 'पेसा कानून की ढिलाई'पर केंद्रित है, जहाँ लेखक ने बताया है कि किस तरह संवैधानिक अधिकारों के बावजूद

आदिवासी समुदाय अपनी ही जमीन, जंगल और संसाधनों से बेदखल होते जा रहे हैं। यह कोई अकेली समस्या नहीं है, बल्कि एक व्यापक प्रवृत्ति है-विकास के नाम पर विस्थापन और फिर उपेक्षा।

अंकित पचौरी की सबसे बड़ी ताकत है-सुनना। यह गुण अब पत्रकारिता में दुर्लभ हो चला है। वे रिपोर्टर की तरह नहीं, एक संवेदनशील श्रोता की तरह आदिवासी समाज के बीच बैठते हैं। वे निर्णय नहीं सुनाते, बल्कि सवाल उठाते हैं-और यह सवाल बहुत जरूरी हैं।

इस पुस्तक की एक और खास बात यह है कि यह महज समस्या-केंद्रित रिपोर्टिंग नहीं है। यह समाधान की जमीन भी तैयार करती है। लेखक हर अध्याय में संवैधानिक प्रावधानों, कानूनों और योजनाओं का उल्लेख करते हैं-जैसे अनुसूचित जनजातियों के लिए संविधान के अनुच्छेद 46, वन अधिकार अधिनियम 2006, और पंचायत (विस्तारित उपबंध) अधिनियम, यानी PESA कानून-लेकिन साथ ही यह भी बताते हैं कि इनका अमल जमीन पर क्यों नहीं होता।

इस पुस्तक की रिपोर्टें उस गंभीर पत्रकारिता का उदाहरण हैं जो तत्काल प्रतिक्रिया या सनसनी के लिए नहीं, बल्कि समझ और जागरूकता के लिए की जाती हैं। इसमें पत्रकार केवल घटनाओं का सूचक नहीं, बल्कि सामाजिक बदलाव का उत्प्रेरक बनता है।

मुझे यह पुस्तक पढ़ते हुए कई बार यह अहसास हुआ कि मुख्यधारा की मीडिया से कितनी बड़ी आबादी गायब है। जिस मध्यप्रदेश को 'भारत का हृदय प्रदेश' कहा जाता है, यहाँ की 21% जनसंख्या अनुसूचित

जनजातियों से आती है। लेकिन क्या हमारे विमर्शों में उनकी हिस्सेदारी नगण्य है?

इस पुस्तक को पढ़ने के बाद मैं कह सकता हूँ-अगर आप भारत को उसकी संपूर्णता में समझना चाहते हैं, तो आपको आदिवासी भारत को सुनना होगा। और यह किताब, आदिवासी भारत की वही आवाज है।

अंत में, मैं यह कहना चाहूँगा कि यह भूमिका लिखना मेरे लिए एक औपचारिकता नहीं, एक जिम्मेदारी थी। यह पुस्तक पत्रकारिता के विद्यार्थियों, नीति निर्माताओं, समाजशास्त्रियों, और उन सबके लिए अनिवार्य है जो लोकतंत्र में आवाज और प्रतिनिधित्व के महत्व को समझते हैं।

यह किताब आपको असहज कर सकती है-लेकिन शायद वही इसकी सबसे बड़ी सफलता होगी।

दीपक तिवारी
संपादक (हिंदी) ग्लोबल इनवेस्टिगेटिव जर्नलिज्म नेटवर्क
पूर्व कुलपति, माखनलाल चतुर्वेदी राष्ट्रीय पत्रकारिता विश्वविद्यालय, भोपाल।

# दृष्टिकोण

आदिवासी भारत की आत्मा हैं और उनकी आवाज को सुनना, समझना और सम्मान देना हमारे लोकतंत्र की सबसे बड़ी कसौटी है।

मुझे खुशी है कि पत्रकार और लेखक अंकित पचौरी ने इस पुस्तक 'आदिवासी रिपोर्टिंग' के माध्यम से एक ऐसा कार्य किया है, जो आज के समय में बेहद जरूरी है- उन आवाजों को सामने लाना, जो अक्सर मीडिया के मुख्यधारा विमर्श से गायब रहती हैं।

आदिवासी समाज की समस्याएं सिर्फ भूख, बीमारी और गरीबी तक सीमित नहीं हैं। यह समुदाय जल-जंगल-जमीन के संरक्षण में सैकड़ों वर्षों से लगा हुआ है, लेकिन विडंबना यह है कि इन्हीं संसाधनों के नाम पर उन्हें विस्थापन, अपमान और हाशिए पर ढकेलने का दंश झेलना पड़ा है।

इस किताब में लेखक अंकित पचौरी ने न सिर्फ आदिवासी समुदाय के दर्द को शब्द दिए हैं, बल्कि यह भी दिखाया है कि किस तरह तथाकथित विकास योजनाएं, प्रशासनिक लापरवाही, और मीडिया की उपेक्षा मिलकर आदिवासी जीवन को और कठिन बनाते हैं। यह सिर्फ एक रिपोर्टिंग या खबरों के संकलन की किताब नहीं है, बल्कि यह एक वैचारिक दस्तावेज है, जो हमें

बताता है कि पत्रकारिता का असली काम सत्ता के प्रचार का साधन नहीं, बल्कि समाज की उपेक्षित आवाजों का मंच बनना है।

मैं खुद एक आदिवासी हूँ, और इस बात को बहुत गहराई से महसूस करता हूँ कि जब कोई पत्रकार जमीन पर जाकर एक आदिवासी महिला की जमीन विवाद, बच्चों की शिक्षा से वंचित रहने की पीड़ा, या पहाड़ी गाँव की टूटी सड़कों की कहानी सामने लाता है- तो वह न सिर्फ खबर दे रहा होता है, बल्कि संविधान के उस वचन को निभा रहा होता है जिसमें "सभी को न्याय, समानता और गरिमा" की बात कही गई है।

इस किताब को पढ़ते हुए आपको सिर्फ सूचनाएँ नहीं मिलेंगी, बल्कि एक संवेदनशील दृष्टिकोण भी मिलेगा- जो आज की पत्रकारिता में दुर्लभ होता जा रहा है।

मैं 'आदिवासी रिपोर्टिंग' को केवल पत्रकारों के लिए नहीं, बल्कि नीति-निर्माताओं, जनप्रतिनिधियों, और छात्रों के लिए भी आवश्यक दस्तावेज मानता हूँ।

लेखक अंकित पचौरी को इस महत्त्वपूर्ण प्रयास के लिए मेरी शुभकामनाएँ और आदिवासी समाज के प्रति उनकी प्रतिबद्धता को मेरा सलाम।

- उमंग सिंघार
नेता प्रतिपक्ष, मध्यप्रदेश विधानसभा

# भूमिका

आदिवासी जीवन सिर्फ आंकड़ों, सरकारी रिपोर्टों या अखबारों की सुर्खियों तक सीमित नहीं है। यह उन पहाड़ों, जंगलों और नदियों की कहानी है, जिनसे उनका रिश्ता सदियों पुराना है। यह संघर्ष, शोषण और हाशिए पर धकेले जाने की कहानी है, जिसे हम अक्सर नजरअंदाज कर देते हैं।

जब भी मीडिया में आदिवासी समुदाय की चर्चा होती है तो आमतौर पर कोई सनसनीखेज घटना सुर्खियों में आ जाती है। कभी किसी की जमीन छिनने की खबर, कभी किसी पर हुए अत्याचार की वीडियो वायरल हो जाता है। लेकिन इनके पीछे की असल पीड़ा, वर्षों से चलता आ रहा संघर्ष और व्यवस्था की अनदेखी शायद ही कभी खबर बनती है। हमने सीधी पेशाब कांड को देखा, पर क्या हमने उन सैकड़ों अनसुनी कहानियों को सुना, जो रोज आदिवासी समाज में भीतर ही भीतर घट रही हैं?

इस किताब को इसी तरह के अहसास को छूने के लिए हुआ है प्रकाशित किया गया है। यह सिर्फ एक पत्रकार की रिपोर्टिंग का संकलन नहीं, बल्कि एक खोज है उन सच्चाइयों की, जो फाइलों और बहसों के शोरगुल के बीच में दब जाती हैं। यह उन गांवों, कस्बों की बात सांझा करती

है, जहां आज भी लोग अपने हक के लिए जद्दोजहद कर रहे हैं, जहां जल, जंगल और जमीन को बचाने की जंग अनवरत जारी है। यह उन संघर्षों की दास्तान है, जो आदिवासी समाज को न केवल जीवित रखे हुए हैं, बल्कि उसे हर रोज नए सिरे से गढ़ने का काम रहे हैं।

यह किताब सिर्फ समस्याओं को उजागर करने के लिए नहीं, बल्कि यह समझने के लिए भी है कि बतौर पत्रकार आदिवासी समाज की संघर्ष भरी दास्ता को अपने शब्दों में उकेरना क्यों जरूरी है। एक बड़ा सवाल है कि इस समुदाय की क्या हमें सिर्फ किसी बड़ी घटना का इंतजार करना चाहिए या जमीनी स्तर पर उनकी आवाज को समझने और उसे सरकार, देश और दुनिया तक पहुँचाने की जिम्मेदारी लेनी चाहिए?

मैंने इस दौरान इस सफर में ऐसे कई अनुभव किए, जिन्होंने मेरे जीवन और मेरी सोच को झकझोर कर रख दिया। यहां मैंने देखा कि आदिवासियों की जमीनें छीनी जा रही हैं, उनके संवैधानिक अधिकारों को कुचला जा रहा है, और उनकी परंपराओं पर आघात पहुंचाकर उन्हें धीरे-धीरे विलुप्त किया जा रहा है, पर मैंने यह भी देखा कि आदिवासी कैसे अपने अस्तित्व के लिए लड़ रहे हैं, अपने जल, जंगल और जमीन को बचाने के लिए, अपनी भाषा और संस्कृति को सहेजने के लिए और अपनी आने वाली पीढ़ी के भविष्य को बचाने के लिए।

यह किताब उन्हीं अनुभवों, कहानियों और सवालों की दास्तान है, जो मध्यप्रदेश के आदिवासी इलाकों की मिट्टी से सहेजी गई हैं। साथ ही आदिवासी समुदायों की स्थिति, जाति/उप जाति, संवैधानिक अधिकार,

वर्तमान स्थिति से अवगत कराती है। उम्मीद है कि यह किताब न केवल अध्यनरत, युवा पत्रकारों के लिए एक मार्गदर्शक की भूमिका बनेगी, बल्कि समाज के हर उस व्यक्ति के लिए एक सशक्त दस्तावेज होगी, जो यह समझना चाहता है कि हमारे जंगलों और पहाड़ों में बसने वाली ये सभ्यताएँ किन संघर्षों से गुजर रही हैं और उन्हें वास्तव में किस तरह की आवाज, समर्थन, सहयोग और सहानुभूति की नितांत जरूरत है।

- अंकित पचौरी

# अध्याय प्रथम

# आदिवासी परिचय

भारत विविधता का देश है, जहाँ विभिन्न भाषाएँ, संस्कृतियाँ और प्रथाएं-परंपराएँ एक साथ देखने को मिलती हैं। इसी विविधता का एक महत्वपूर्ण अंग हैं देश की जनजातियाँ, जो अपनी विशिष्ट जीवनशैली, परंपराओं और संस्कारों के लिए जानी जाती हैं। जनजातियों की यह विविधता न केवल भारतीय समाज की सांस्कृतिक धरोहर को समृद्ध करती है, बल्कि यह भी दर्शाती है कि भारतीय समाज के विभिन्न वर्गों के बीच कितना अंतर है।

भारतीय संविधान के अनुच्छेद 342 (1) के तहत, केंद्र और राज्य सरकारें अनुसूचित जनजातियों को मान्यता देती हैं। वर्तमान में भारत गणराज्य में लगभग 705 अनुसूचित जनजातियाँ हैं, जो देश की जनसंख्या का लगभग 8.6 प्रतिशत हिस्सा है। देश में अनुसूचित जनजातियों की संख्या करीब 10.4 करोड़ है। ये जनजातियाँ मुख्यतः आदिवासी क्षेत्रों में निवास करती हैं और उनकी अपनी विशिष्ट सांस्कृतिक, पारंपरिक पहचान और जीवनशैली को दर्शाती हैं।

भारत में जनजातियाँ मुख्यतः देश के उत्तर-पूर्वी, मध्य, और दक्षिणी भागों में फैली हुई हैं जो गोंड, भील-भिलाला, संथाल, मीणा, नागा, और मुंडा जनजातियों में प्रमुख रूप से शामिल हैं। ये जनजातियाँ अपने पारंपरिक जीवन-यापन के तरीकों, भाषाओं और सांस्कृतिक रीति-रिवाजों के लिए जानी जाती हैं। इनमें से कुछ जनजातियाँ शिकार और कंद-मूल पर निर्भर हैं, जबकि अन्य जातियां कृषि कार्य, वन-उत्पादों और हस्तशिल्प कला पर आधारित होकर अपना जीवन यापन करती हैं।

# विशेष पिछड़ी जनजातियाँ

भारत सरकार ने वर्ष 1975 में उन जनजातियों की पहचान की जो विशेष रूप से पिछड़ी हुई हैं और जिनका जीवन अत्यंत कठिन दौर से गुजरता है। इन्हें "विशेष पिछड़ी जनजातियाँ" (PVTGs) भी कहा जाता है। ये जनजातियाँ न केवल आर्थिक और सामाजिक दृष्टि से पिछड़ी हुई हैं, बल्कि शिक्षा, स्वास्थ्य, और आजीविका के क्षेत्र में भी बेहद दयनीय स्थिति में हैं।

इतना ही नहीं भारत में वर्तमान में 75 विशेष पिछड़ी जनजातियाँ हैं, जो 18 राज्यों और एक केंद्र शासित प्रदेश में निवास करती हैं। ये जनजातियाँ अत्यंत छोटे समूहों में बसी हुई हैं और इनके पास सीमित संसाधन ही उपलब्ध हैं। उनके जीवन-यापन के तरीके पारंपरिक तो है ही, वहीं वे आधुनिकता से काफी हद तक अछूते भी हैं।

विशेष पिछड़ी जनजातियों के कुछ प्रमुख उदाहरण

1. सहरिया (मध्यप्रदेश) : सहरिया जनजाति मुख्यतः मध्यप्रदेश के चंबल और ग्वालियर के आदिवासी बाहुल्य क्षेत्र में निवास करती है। यह जनजाति अत्यंत गरीब और पिछड़ी हुई है जिसका मुख्य व्यवसाय कृषि और मजदूरी पर आधारित है।

2. बैगा (मध्यप्रदेश) : बैगा जनजाति मध्यप्रदेश के मंडला और डिंडोरी जिलों के आदिवासी बाहुल्य क्षेत्रों में पाई जाती है, जो अपने पारंपरिक जीवन-यापन के लिए पहचानी जाती है और वे आज भी अधिकांशतः जंगलों में रहने और वन-उत्पादों पर निर्भर है।

3. भारिया (मध्यप्रदेश) : भारिया जनजाति मुख्यत मध्यप्रदेश के पातालकोट क्षेत्र में पाई जाती है, जो अत्यधिक पिछड़ी हुई जाति है और इनका जीवन-यापन कृषि और जंगलों पर निर्भर है।

4. जारवा (अंडमान और निकोबार द्वीप समूह) जारवा जनजाति अंडमान और निकोबार द्वीप समूह में निवास करती है। यह जनजाति आज भी अत्यधिक पारंपरिक और बाहरी दुनिया से पूरी तरह कटी हुई है।

5. सेंटिनली (अंडमान और निकोबार द्वीप समूह) : सेंटिनली जनजाति भी अंडमान और निकोबार द्वीप समूह में पाई जाती है। यह जनजाति विश्व की सबसे अनजानी और अछूती जनजातियों में से एक है और बाहरी दुनिया के साथ इसका संपर्क न के बराबर है।

# मध्यप्रदेश की जनजातियां

मध्यप्रदेश, जिसे 'भारत का हृदय' प्रदेश भी कहा जाता है, जनजातीय जनसंख्या के मामले में देश का एक अग्रणी राज्य है। यहाँ की कुल जनसंख्या का एक बड़ा हिस्सा जनजातीय समुदायों से आता है। प्रदेश में अनुसूचित जनजाति की जनसंख्या 153.16 लाख (जनगणना 2011 के अनुसार) है, जो कि राज्य की कुल जनसंख्या का 21.10 प्रतिशत है, इस प्रकार मध्यप्रदेश देश का ऐसा राज्य है, जहाँ हर पांचवा व्यक्ति अनुसूचित जनजाति वर्ग का है। लगभग 43 जनजातियां यहां निवास करती हैं। इनकी उपजातियों को मिलाकर इनकी कुल संख्या 90 है। यहां सर्वाधिक संख्या में गोंड़ और भील जनजातियों के लोग निवास करते हैं।

मध्यप्रदेश की प्रमुख जनजातियाँ :-

1.    गोंड (Gond) सबसे बड़ी जनजाति है, जो विशेषतः छिंदवाड़ा, मंडला, डिंडोरी, बालाघाट आदि जिलों में प्रमुख रूप से निवास करती है।

2.  भील (Bhil)   पश्चिमी मध्यप्रदेश (झाबुआ, अलीराजपुर, बड़वानी) में निवासरत है, जो तीरंदाजी और शिकार में पारंपरिक रूप से निपुण होते हैं।

3.  बैगा (Baiga)   विशेष पिछड़ी जनजाति है जो मंडला, डिंडोरी और अनूपपुर जिलों में निवासरत है। यह जनजाति अपनी पारंपरिक जीवनशैली और जंगलों पर निर्भर रहती है।

4.  कोरकू (Korku) जनजाति हरदा, खंडवा, बैतूल, बुरहानपुर में निवास करती है जो और ये अपनी स्थानीय कोरकू भाषा ही बोलते हैं।

5.  सहरिया (Sahariya) विशेष पिछड़ी जनजाति है, शिवपुरी, अशोकनगर, श्योपुर जिलों में इनकी अधिकता है जो अत्यधिक गरीबी और कुपोषण का शिकार है।

6.  भिलाला (Bhilala)   भील और राजपूत का मिश्रण माने जाने वाली इस जनजाति के लोग खेती और मजदूरी कर अपना जीवन यापन करते हैं।

7.  पारधी (Pardhi) शिकारी परंपरा से जुड़ी यह जनजाति बहुत गरीबी में जीवन गुजारती है।

8.  नाहल (Nahal) जनजाति बुरहानपुर, खंडवा जिलों में पाई जाती है जो मजदूरी पर निर्भर है।

9.  मंझी (Manjhi) गोंडों की एक उप-जनजाति जो मजदूरी के साथ-साथ अन्य कार्य में संलिप्त होती है।

10.     भारिया (Bhariya) विशेष पिछड़ी जनजाति है जो विशेषतः पाटन (जबलपुर) और छिंदवाड़ा के आदिवासी क्षेत्र में पाई जाती है।

Population Distribution in Madhya Pradesh (Census 2011)

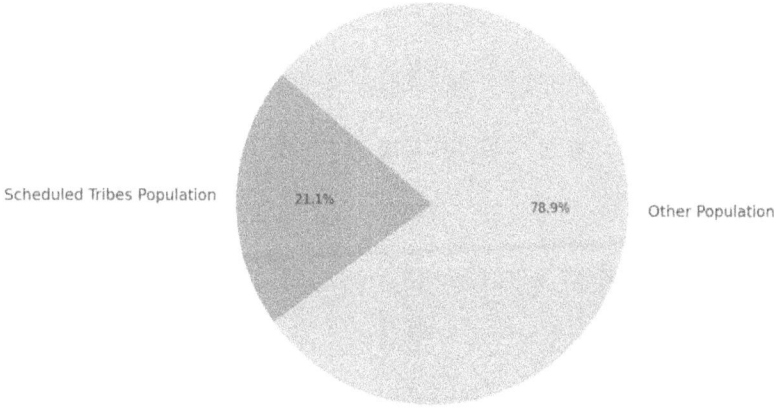

Scheduled Tribes Population    21.1%    78.9%    Other Population

मध्य प्रदेश की जनजातियाँ विविधतापूर्ण जीवनशैली, संस्कृति और परंपराओं का पालन करती हैं, लेकिन इनमें से कुछ जनजातियाँ अत्यधिक पिछड़ी हुई हैं। इन्हें 'विशेष पिछड़ी जनजातियों' के रूप में वर्गीकृत किया गया है। इन जनजातियों की सामाजिक और आर्थिक स्थिति बेहद दयनीय है और ये अक्सर समाज की मुख्यधारा से कटे हुए रहते हैं।

मध्यप्रदेश की विशेष पिछड़ी जनजातियाँ, जिनमें भारिया, बैगा, सहरिया आदि शामिल हैं, सामाजिक और आर्थिक दृष्टि से सबसे पिछड़े हुए समुदायों में गिनी जाती हैं। इन जनजातियों की आर्थिक स्थिति अत्यंत दयनीय है, वे मुख्य रूप से कृषि, वन उत्पादों में संलिप्त होकर रोजमर्रा के कार्य और मजदूरी पर निर्भर करते हैं। शिक्षा, स्वास्थ्य और बुनियादी सुविधाओं की

कमी ने इनकी जीवन परिस्थितियों को और भी चुनौतीपूर्ण बना दिया है। कई दशकों से ये जनजातियाँ सामाजिक भेदभाव, असमानता और अवहेलना का शिकार होती रही हैं, जिससे उनके जीवन की गुणवत्ता पर गहरा असर पड़ा है।

विशेष पिछड़ी जनजातियों के सामने आने वाली समस्याओं में आर्थिक पिछड़ापन, शिक्षा की कमी, स्वास्थ्य सेवाओं की अनुपलब्धता, सामाजिक भेदभाव और सांस्कृतिक क्षरण जैसी समस्याएं शामिल हैं। यह जनजातियाँ अपने प्राकृतिक संसाधनों पर निर्भर रहती हैं, जो कि अब तेजी से समाप्त हो रहे हैं। इस वजह से उनकी आर्थिक स्थिति लगातार कमजोर होती जा रही है। यही कारण है कि शिक्षा और स्वास्थ्य सेवाओं तक उनकी पहुंच बेहद सीमित है, जिससे उनका समग्र विकास अवरुद्ध हो जाता है।

भारत का संविधान, जो सामाजिक न्याय और समानता के मूल्यों पर आधारित है, ने इन जनजातीय समुदायों के संरक्षण और विकास के लिए विशेष प्रावधान किए हैं। संविधान के अनुच्छेद 46 में राज्य को यह निर्देश दिया गया है कि वह समाज के कमजोर वर्गों, विशेष रूप से अनुसूचित जातियों और अनुसूचित जनजातियों के शैक्षणिक और आर्थिक हितों की सुरक्षा करे और उन्हें सामाजिक अन्याय और सभी प्रकार के शोषण से बचाए। इसके अतिरिक्त, पंचायती राज अधिनियम के तहत आदिवासी इलाकों में स्वशासन के लिए पेसा कानून लागू किया गया, जो आदिवासी समाज को उनके पारंपरिक अधिकारों के संरक्षण और संवर्धन की गारंटी देता है।

हालांकि, संवैधानिक प्रावधानों और सरकारी योजनाओं के बावजूद, मध्यप्रदेश की जनजातियों की स्थिति में सुधार के प्रयास अपेक्षित परिणाम नहीं ला सके हैं। इसके पीछे अनेक कारक जिम्मेदार हो सकते हैं, जैसे कि प्रशासनिक अक्षमता, संसाधनों की कमी, सामाजिक जागरूकता की अनुपस्थिति और सबसे महत्वपूर्ण जनजातीय समाज के भीतर और समाज के बाहर मौजूद संरचनात्मक ढांचे में असमानता। इसके अलावा, जनजातीय समुदायों के अधिकारों के हनन और उनके पारंपरिक भूमि एवं संसाधनों पर अतिक्रमण ने उनकी स्थिति को और अधिक नाजुक बना दिया है।

जनजातीय समाज का विकास केवल आर्थिक या शैक्षणिक सुधार से नहीं हो सकता। इसके लिए जरूरी है कि संवैधानिक मूल्यों को इन जनजातियों के जीवन में शामिल किया जाए। जिससे वे अपने अधिकारों और कर्तव्यों के प्रति जागरूक होकर समाज की मुख्यधारा में शामिल हो सकेंगे। इसके साथ ही उनकी सांस्कृतिक और पारंपरिक मान्यताओं का सम्मान करते हुए उन्हें आत्मनिर्भर और सशक्त बनाने की दिशा में ठोस कदम उठाने की बेहद आवश्यकता है।

# अध्याय द्वितीय

# संवैधानिक प्रावधान और सुरक्षा

भारतीय संविधान के अंतर्गत, अनुसूचित जनजातियों को विशेष सुरक्षा और सहायता प्रदान की गई है। संविधान अनुच्छेद 366 (खंड 25 ) में अनुसूचित जनजाति को परिभाषित किया गया है। अनुच्छेद 244 के तहत अनुसूचित क्षेत्रों और अनुसूचित जनजातियो में प्रशासन के लिए विशेष प्रावधान किए गए हैं। यह प्रावधान अनुसूचित जनजातियों के अधिकारों की रक्षा करने और उनके कल्याण के लिए बनाए गए हैं।

अनुच्छेद 46

संविधान का अनुच्छेद 46 अनुसूचित जातियों और अनुसूचित जनजातियों के शैक्षणिक और आर्थिक हितों को बढ़ावा देने के लिए राज्य को निर्देशित करता है। यह अनुच्छेद इस बात पर जोर देता है कि राज्य सरकारों को इन जनजातियों के अधिकारों की रक्षा करनी चाहिए और उनके कल्याण के लिए विशेष कदम उठाने चाहिए।

अनुच्छेद 275(1)

अनुच्छेद 275(1) के तहत, केंद्र सरकार राज्य सरकारों को अनुसूचित जनजातियों के कल्याण और विकास के लिए अनुदान प्रदान

करती है। यह अनुदान उन क्षेत्रों में लागू किया जाता है जहां अनुसूचित जनजातियाँ अधिक संख्या में निवासरत रहती है। अनुदान का उद्देश्य इन जनजातियों के सामाजिक और आर्थिक उत्थान के लिए विशेष योजनाओं को लागू करना है।

## पांचवीं अनुसूची

संविधान की पांचवीं अनुसूची, अनुसूचित जनजातिय क्षेत्रों के प्रशासन के लिए प्रावधान करती है। ये वे क्षेत्र हैं, जहाँ अनुसूचित जनजातियाँ बहुसंख्यक हैं और जिन्हें विशेष सुरक्षा की आवश्यकता होती है। पांचवीं अनुसूची के तहत राज्यपाल को विशेष शक्तियाँ प्रदान की गई हैं। ताकि वह इन क्षेत्रों में जनजातियों के हितों की रक्षा कर सके।

# पेसा कानून PESA ACT

पेसा कानून, 1996 में भारतीय संसद द्वारा पारित किया गया था। यह कानून भारत के अनुसूचित जनजाति क्षेत्रों में पंचायती राज संस्थाओं के माध्यम से आदिवासी वर्ग को मजबूत करने के उद्देश्य से बनाया गया है। इसका मुख्य उद्देश्य है कि आदिवासी समुदायों को स्व-शासन का अधिकार मिले और उनकी पारंपरिक प्रणाली को संरक्षित किया जा सके। पेसा कानून के तहत, आदिवासी क्षेत्रों की ग्राम सभाओं को महत्वपूर्ण अधिकार और शक्तियाँ प्रदान की गई हैं, जैसे कि जल-जंगल-जमीन, खनिज संसाधनों पर नियंत्रण, विकास योजनाओं की मंजूरी और समाज में कानून व्यवस्था बनाए रखना प्रमुख है।

पेसा कानून के प्रावधान

1. ग्राम सभा की शक्तियाँ : पेसा कानून के तहत ग्राम सभा को विकास योजनाओं की मंजूरी, संसाधनों के प्रबंधन और विवादों के निपटारे का अधिकार दिया गया है।

2. संरक्षण और प्रबंधन : आदिवासी समुदायों को उनकी पारंपरिक भूमि, जल और जंगलों पर अधिकार प्रदान करना और इन संसाधनों का संरक्षण सुनिश्चित करना है।

3. आर्थिक अधिकार : खनिज संसाधनों और अन्य प्राकृतिक संसाधनों का दोहन और इनसे होने वाली आय पर ग्राम सभा का नियंत्रण।

4. विकास योजनाओं का अनुमोदन : इस योजना के तहत ग्राम सभा को यह अधिकार है कि वह सरकारी योजनाओं और कार्यक्रमों को मंजूरी दे या अस्वीकार करे।

5. सांस्कृतिक संरक्षण : आदिवासी समुदायों की सांस्कृतिक परंपराओं, रीति-रिवाजों और पारंपरिक व्यवस्थाओं का संरक्षण और प्रचार करना।

मध्य प्रदेश में पेसा कानून विलंब से लागू होने के दुष्प्रभाव :

पेसा कानून को प्रभावी रूप से लागू करने में हुये विलंब के कई गंभीर दुष्प्रभाव मध्य प्रदेश में आदिवासी समाज पर पड़े हैं, यह कानून मध्यप्रदेश में 15 नवम्बर 2022 में तत्कालीन मुख्यमंत्री शिवराज सिंह चौहान के कार्यकाल में लागू हुआ। जिसमें कई खामिया पायी गई, जिससे आदिवासी समाज को ठगा गया।

1. संसाधनों पर नियंत्रण का अभाव : पेसा कानून के समय पर लागू न होने से आदिवासी समुदाय अपने परंपरागत संसाधनों, जैसे कि जंगल, जल और जमीन के अधिकार से वंचित रह गए। इस कानून ने बाहरी लोगों

द्वारा इन संसाधनों के दोहन को बढ़ावा दिया, जिससे आदिवासी समुदायों की आजीविका और पर्यावरण पर गंभीर असर पड़ा है।

2. विकास योजनाओं में भागीदारी की कमी : विलंब से पेसा कानून लागू होने के कारण आदिवासी समुदाय विकास योजनाओं के निर्धारण और उनके क्रियान्वयन में सक्रिय भूमिका नहीं निभा सका। इसका परिणाम यह हुआ कि कई सरकारी योजनाएँ और परियोजनाएँ आदिवासी वर्ग के व्यक्तियों की आवश्यकताओं और प्राथमिकताओं को ध्यान में रखे बिना बनाई गईं और लागू की गईं।

3. भूमि अधिकारों का हनन : पेसा कानून के समय पर लागू न होने से आदिवासी समुदायों के भूमि के अधिकारों का हनन हुआ है। बाहरी लोगों और प्रभावशाली समूहों द्वारा इनकी भूमि पर कब्जे की घटनाएँ बढ़ीं, जिससे इनकी सामाजिक और आर्थिक स्थितियों पर नकारात्मक प्रभाव पड़ा है।

4. सामाजिक और सांस्कृतिक संरक्षण में विफलता : पेसा कानून के प्रावधानों के अनुसार आदिवासी समुदायों की पारंपरिक संस्कृति, रीति-रिवाजों और सामाजिक व्यवस्थाओं का संरक्षण किया जाना था। लेकिन पेसा कानून के देरी से लागू होने के कारण यह संरक्षण प्रभावी रूप से लागू नहीं हो पाया, जिससे आदिवासी समुदायों की सांस्कृतिक पहचान कमजोर हुई।

5. कानूनी और प्रशासनिक समस्याएँ : पेसा कानून के समय पर लागू न होने के कारण आदिवासी समुदायों को कानूनी और प्रशासनिक प्रक्रियाओं में समर्थन नहीं मिल पाया, इससे उन्हें अपने अधिकारों की लड़ाई में कई कठिनाइयों का सामना करना पड़ा और न्याय पाने में देरी हुई।

मध्यप्रदेश में पेसा कानून देरी से लागू होने के कारण आदिवासी समुदायों को अपने संवैधानिक अधिकारों और संसाधनों से वंचित रहना पड़ा है। यह स्थिति आदिवासी समाज के सामाजिक, आर्थिक और सांस्कृतिक विकास में बाधक साबित हुई है।

# संवैधानिक मूल्यों की परिभाषा और उनका प्रभाव

संविधान का उद्देश्य सभी नागरिकों को न्याय, स्वतंत्रता, समानता और भाईचारे की गारंटी देता है। आदिवासियों को प्रदान की गई संवैधानिक सुरक्षा और सहायता इन मूल्यों की परिभाषा का प्रत्यक्ष परिणाम है।

न्याय :

संविधान का एक प्रमुख मूल्य न्याय है, जिसमें आर्थिक और सामाजिक दोनों न्याय शामिल हैं। आदिवासिंयों को शिक्षा, रोजगार और स्वास्थ्य सेवाओं में समान अवसर मिलना चाहिए। इन जनजातियों के लिए विशेष योजनाएँ और कार्यक्रम इस न्याय की अवधारणा को साकार करते हैं।

स्वतंत्रता :

स्वतंत्रता का मतलब केवल राजनीतिक स्वतंत्रता नहीं, बल्कि सामाजिक और आर्थिक स्वतंत्रता भी है। आदिवासियों को उनके पारंपरिक अधिकारों की रक्षा के साथ-साथ उनकी सामाजिक और आर्थिक स्थिति को

मजबूत करने की स्वतंत्रता दी गई है। इस स्वतंत्रता का उद्देश्य उन्हें विकास की मुख्यधारा में लाना है।

समानता :

समानता का मतलब है सभी नागरिकों को बिना किसी भेदभाव के समान अधिकार मिले। आदिवासियों को संवैधानिक प्रावधानों के माध्यम से विशेष सहायता प्रदान की जाती है। ताकि वे समाज के अन्य वर्गों के साथ बराबरी के साथ खड़े हो सकें।

भाईचारा :

भाईचारे का मतलब है कि सभी नागरिक एक-दूसरे के साथ परस्पर मिलकर और सद्भावना के साथ रहें। आदिवासियों को समाज के अन्य वर्गों के साथ जोड़ने और उनके साथ सद्भावना बनाए रखने के लिए विशेष कदम उठाए जाते हैं। संवैधानिक मूल्य भी सभी नागरिकों को एकजुट रखने का प्रयास करता है।

# अध्याय तृतीय

# आदिवासियों पर हो रहीं अन्यायपूर्ण घटनाएं

मध्य प्रदेश, जो देश का एक बड़ा और सांस्कृतिक रूप से विविध राज्य है, यहाँ की जनजातियों को अब तक उचित पहचान और समर्थन नहीं मिल पाया है। जिसके कारण ये जनजातियां सामाजिक और आर्थिक रूप से सबसे कमजोर मानी जाती हैं। इन जनजातियों को लेकर सरकार ने कई योजनाएँ बनाईं, लेकिन उनके साथ कई अन्यायपूर्ण घटनाएँ भी हुई हैं, जिनकी वजह से उनका विकास अवरूद्ध हो गया।

भूमि का अधिकार और विस्थापन :

जनजातियाँ प्राचीन काल से ही जंगलों और पहाड़ों पर निर्भर रही हैं। इनकी आजीविका मुख्य रूप से खेती, पशुपालन और वनोपज पर आधारित रही है। लेकिन विकास परियोजनाओं, वन संरक्षण कानूनों, और सरकार की गलत नीतियों की वजह से इन जनजातियों को उनकी पारंपरिक भूमि से पृथक कर दिया गया।

जब सरकार ने जंगलों को राष्ट्रीय उद्यानों और वन्यजीव अभयारण्यों में तब्दील किया, तब इन जनजातियों को उनकी भूमि से बेदखल कर दिया

गया। उन्हें यह आश्वासन दिया गया कि उन्हें उचित मुआवजा और पुनर्वास मिलेगा, लेकिन अधिकतर मामलों में ऐसा नहीं हुआ। जमीन से बेदखल किए जाने के बाद वे आदिवासी अपनी आजीविका के संसाधनों से वंचित हो गए और उन्हें शहरों और कस्बों की ओर पलायन करना पड़ा, आदिवासी होने के कारण जहाँ उनके लिए रोजगार के अवसर भी बहुत ही सीमित थे।

शिक्षा और स्वास्थ्य सेवाओं की कमी :

आदिवासियों को आज भी उचित शिक्षा और स्वास्थ्य सुविधाएँ नहीं मिल पा रही हैं। प्रायः देखने में आता है कि सरकारी स्कूल और स्वास्थ्य केंद्र इन जनजातियों की बस्तियों से दूर होते हैं, जिससे उनके लिए इन सेवाओं तक पहुँच पाना काफी मुश्किल भरा हो जाता है।

इसके अलावा, शिक्षा के क्षेत्र में भी इन जनजातियों के लिए उचित कदम नहीं उठाए गए हैं। स्कूलों में इनके बच्चों के लिए उचित सुविधा और योग्य शिक्षक नहीं होते, जिससे इनकी शिक्षा का स्तर बहुत निम्न रहता है। यही कारण है कि इन जनजातियों में अशिक्षा का स्तर बहुत ऊँचा है, जो उनके समग्र विकास में एक बड़ी बाधा उत्पन्न करती है।

स्वास्थ्य सेवाओं की स्थिति तो और भी चिंताजनक है। आदिवासी बाहुल्य क्षेत्रों में उचित अस्पताल, दवाइयों, और विशेषज्ञ डॉक्टरों के अभाव के चलते इन जनजातियों के लोग आसानी से इलाज योग्य बीमारियों से भी अपनी जान गंवा देते हैं।

सामाजिक भेदभाव :

आदिवासी समाज अपने पारंपरिक रीति-रिवाजों और जीवनशैली के कारण मुख्यधारा से अलग रहते हैं। इस कारण उन्हें सामाजिक भेदभाव का सामना करना पड़ता है। इन्हें अक्सर "असभ्य" या "जंगली" समझा जाता है और समाज में इन्हें हेय अथवा ईष्या की दृष्टि से देखा जाता है।

इसके अलावा, सरकार की ओर से भी उन्हें मुख्यधारा में शामिल करने के बजाय उनकी परंपराओं को बदलने पर दबाव डाला गया है। यह सामाजिक भेदभाव और असमानता का एक बड़ा कारण है जो कि उनके मानसिक और सामाजिक विकास में व्यवधान डालता है।

आर्थिक शोषण :

प्रदेश की जनजातियों को आज भी आर्थिक शोषण का शिकार होना पड़ता है। वन विभाग और स्थानीय अधिकारियों द्वारा जनजातियों को जंगल से वनोपज इकट्ठा करने से रोक दिया जाता है, जो कि उनकी आय का मुख्य स्रोत होता है। इसके अलावा ठेकेदार और बिचौलिए इनके द्वारा इकट्ठा किए गए वनोपज को बहुत ही कम कीमत पर खरीदते हैं, जिससे इन्हें अपने उत्पाद का उचित मूल्य नहीं मिल पाता।

इसके अलावा, आदिवासियों को रोजगार के उचित अवसर नहीं मिलते। अधिकतर समय उन्हें दिहाड़ी मजदूरी का ही सहारा लेना पड़ता है, जिसमें उन्हें बहुत ही कम मजदूरी दी जाती है। इस प्रकार वे गरीबी के चक्रव्यूह से बाहर नहीं निकल पाते और उनकी आर्थिक स्थिति जस की तस बनी रहती है।

सरकारी योजनाओं का सही क्रियान्वयन न होना :

सरकार ने आदिवासियों के लिए कई योजनाएँ बनाई हैं, जिनका उद्देश्य इनके जीवन स्तर को सुधारना है। लेकिन इन योजनाओं का क्रियान्वयन सही तरीके से नहीं हो पाया है। भ्रष्टाचार, सरकारी तंत्र की उदासीनता, और योजनाओं की जानकारी का अभाव जनजातियों तक इन योजनाओं का लाभ पहुँचने में बड़ी बाधा है।

प्रायः देखने में आता है कि इन जनजातियों के लोग योजनाओं की जानकारी से अनभिज्ञ होते हैं और इसलिए वे योजनाओं का पूरा लाभ नहीं उठा पाते। सरकारी अधिकारी भी इन योजनाओं को लागू करने और आदिवासियों को इसका लाभ देने में गंभीरता नहीं दिखाते, जिससे योजनाएँ केवल कागजों पर ही सिमटकर रह जाती हैं।

मध्य प्रदेश में आज भी आदिवासी सामाजिक, आर्थिक और राजनीतिक रूप से हाशिए पर हैं। उनके साथ हुई अन्यायपूर्ण घटनाएँ और सरकार की नीतियों की विफलता उनके विकास में सबसे बड़ी बाधा बनी हुई है।

आदिवासियों की समस्याओं का समाधान तभी संभव है, जब सरकार और समाज दोनों मिलकर उनके अधिकारों और कल्याण के लिए गंभीरता से प्रयास करें। यह आवश्यक है कि आदिवासियों को उनकी पारंपरिक भूमि का अधिकार दिया जाए, उन्हें शिक्षा-स्वास्थ्य सुविधाएँ उपलब्ध कराई जाएं, उनके साथ होने वाले भेदभाव और शोषण को समाप्त किया जाए। जब तक यह सब नहीं होता, तब तक इन जनजातियों का समग्र विकास संभव नहीं हो पाएगा।

# आदिवासियों के खिलाफ अपराध

नेशनल क्राइम रिकॉर्ड्स ब्यूरो (NCRB) 2022 के आंकड़ों के अनुसार, मध्यप्रदेश में अनुसूचित जनजाति वर्ग के खिलाफ होने वाले अपराधों की संख्या देश में सबसे अधिक है। वर्ष 2022 में राज्य में 2979 प्रकरण दर्ज किए गए, जो कि 2021 के 2627 मामलों से अधिक हैं। यह वृद्धि राज्य में आदिवासियों के खिलाफ हो रहे अपराधों की गंभीरता को दर्शाती है। ये आंकड़े यह स्पष्ट करते हैं कि मध्य प्रदेश में आदिवासी

**Crimes Against Scheduled Tribes in 2022**

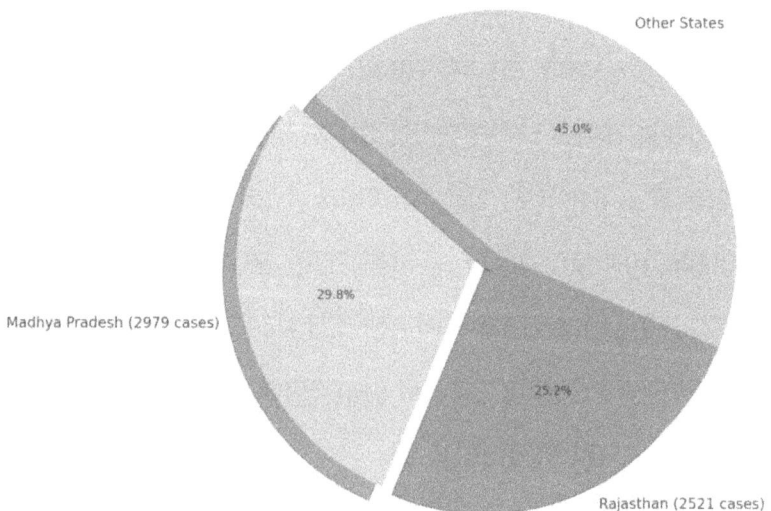

Other States
45.0%

Madhya Pradesh (2979 cases)
29.8%

Rajasthan (2521 cases)
25.2%

समुदायों की स्थिति अत्यंत चिंताजनक है। राजस्थान, जहां 2022 में 2521 प्रकरण दर्ज हुए, इस मामले में दूसरे स्थान पर है।

हत्या और बलात्कार :

मध्यप्रदेश में आदिवासी महिलाओं के साथ बलात्कार, सामूहिक बलात्कार के मामलों में चिंताजनक वृद्धि देखी गई है। इनमें से अधिकांश घटनाएं ग्रामीण और आदिवासी इलाकों में होती हैं, जहां महिलाएं न्याय पाने में असमर्थ रहती हैं। इसके साथ ही, हत्या के मामले भी आदिवासियों के खिलाफ बढ़ रहे हैं, जहां जमीनी विवाद और व्यक्तिगत दुश्मनी मुख्य कारण होते हैं।

भूमि से बेदखली और धोखाधड़ी :

आदिवासियों के खिलाफ सबसे आम अपराधों में से एक है उनकी जमीनों पर कब्जा करना या उन्हें जमीन से बेदखल करना। अनेक प्रभावशाली लोग और समूह आदिवासियों की जमीनों पर कब्जा जमाने के लिए उन्हें धमकी देते हैं, उन्हें बेदखल करते हैं और कभी-कभी हिंसा का सहारा भी लेते हैं। यह स्थिति विशेष रूप से तब और गंभीर हो जाती है जब प्रशासनिक तंत्र इन मुद्दों को नजरअंदाज कर देता है या उचित कार्रवाई करने में विफल रहता है।

कानूनी संरक्षण की चुनौतियाँ :

हालांकि भारतीय संविधान के अनुच्छेद 46 के तहत अनुसूचित जनजातियों के अधिकारों और कल्याण को संरक्षित करने की बात कही गई है। लेकिन जमीनी हकीकत इससे कोसो दूर है। मध्य प्रदेश में आदिवासियों

के साथ होने वाले अत्याचारों के मामलों में न्यायिक प्रक्रिया में देरी, पुलिस की निष्क्रियता और सामाजिक भेदभाव जैसी समस्याएं आम बात है। इसके अलावा आदिवासी समुदायों में शिक्षा और जागरूकता की कमी के चलते वे अपने अधिकारों की लड़ाई में अक्सर पिछड़ जाते हैं।

मध्यप्रदेश में आदिवासियों पर अत्याचारों की बढ़ती संख्या राज्य और केंद्र सरकार दोनों के लिए एक गंभीर चिंता का विषय होनी चाहिए। प्रशासनिक तंत्र की निष्क्रियता, न्यायिक प्रक्रिया में देरी, और समाज में फैले भेदभाव को दूर किए बिना इस स्थिति में सुधार संभव नहीं है। सरकार को न केवल सख्त कानूनी कदम उठाने की जरूरत है, बल्कि समाज में जागरूकता बढ़ाने, शिक्षा का प्रचार-प्रसार करने और आदिवासियों के अधिकारों की रक्षा के लिए ठोस नीतियाँ बनाने की भी आवश्यकता है।

आदिवासी समुदायों की सुरक्षा और उनके अधिकारों का सम्मान सुनिश्चित करना हमारे समाज की जिम्मेदारी है। यह न केवल संवैधानिक मूल्यों की रक्षा करने का सवाल है, बल्कि यह भी सुनिश्चित करने का प्रयास है कि हमारे देश का प्रत्येक नागरिक सुरक्षित और सम्मानजनक जीवन जी सके।

# अध्याय चतुर्थ

# रिपोर्टिंग के किस्से और अनुभव। जमीन के लिए संघर्ष

❦

वर्ष 2013 की एक सर्द सुबह थी, जब मैं शिवपुरी जिले के भैंसावन गांव में एक आदिवासी परिवार के पास पहुंचा। उनका घर मिट्टी और घास-फूस से बना हुआ था, दीवारें झुकी हुई थीं और छत से पानी टपकने के निशान साफ दिखाई दे रहे थे। मैं वहां एक रिपोर्टिंग के सिलसिले में गया था। लेकिन जो कहानी मैंने सुनी, वह मेरे लिए सिर्फ एक खबर नहीं, बल्कि आदिवासी समाज के प्रति हमारी व्यवस्था की बेरुखी का जीवंत दस्तावेज बन गई।

यह दास्तान शिवपुरी जिले के भैंसावन गाँव में रहने वाले ज्ञानी आदिवासी और उनकी पत्नी जानकी की है। ज्ञानी को वर्ष 2013 में दस बीघा कृषि भूमि का पट्टा सरकार से मिला था। जमीन के पट्टे की यह खबर उनके लिए एक नई आशा और उम्मीद लेकर आई। उन्होंने सोचा कि अब वे मजदूरी से बाहर निकलकर खुद की खेती कर सकेंगे और अपने बच्चों को बेहतर भविष्य दे पाएंगे।

लेकिन जब वे अपनी जमीन पर पहुँचे तो गाँव के प्रभावशाली लाखन यादव और सतीश धाकड़ नामक व्यक्तियों ने उन्हें वहां से भगा दिया। ज्ञानी बताते हैं कि जब भी वे अपनी जमीन पर खेती करने की कोशिश करते हैं, उन्हें धमकाया जाता है और जान से मारने की चेतावनी और धमकी दी जाती है। एक बार जब उन्होंने खेत जोतने की कोशिश की, तो उन्हें लाठी-डंडों से पीटा गया और उनके घर में घुसकर तोड़फोड़ भी की गई।

ज्ञानी आदिवासी ने हमें बताया कि - जमीन हमारे नाम पर है, लेकिन हम वहाँ एक कदम भी नहीं रख सकते। हमारी शिकायतों पर प्रशासन बस आश्वासन देता है, लेकिन कार्रवाई नहीं करता, -

ज्ञानी आदिवासी और जानकी ने कई बार तहसील कार्यालय और कलेक्टर के चक्कर काटकर वहां शिकायतें की, लेकिन कोई ठोस कार्रवाई

नहीं हुई। उन्होंने पुलिस में भी मामला दर्ज करवाया, लेकिन पुलिस ने इसे महज आपसी विवाद बताकर टाल दिया।

वर्ष 2017 में उन्होंने अपनी जमीन पर कब्जा पाने के लिए जिला अदालत में मामला दर्ज कराया। चार साल बाद 2021 में अदालत ने फैसला सुनाते हुए प्रशासन को आदेश दिया कि ज्ञानी और जानकी को उनकी जमीन पर कब्जा दिलाया जाए। लेकिन इस आदेश के बावजूद दबंगों का कब्जा बना रहा और प्रशासन ने कोई ठोस कदम नहीं उठाया।

वर्ष 2023 में ज्ञानी आदिवासी ने भोपाल में मुख्यमंत्री जनसुनवाई कार्यक्रम में आवेदन दिया, जहाँ अधिकारियों ने उन्हें दो सप्ताह में कार्रवाई का भरोसा दिया। लेकिन दो सप्ताह क्या, एक साल बीत जाने के बाद भी उन्हें अपनी जमीन नहीं मिली।

भैंसावन गाँव में सिर्फ ज्ञानी और जानकी ही नहीं, बल्कि कई आदिवासी परिवार ऐसी ही अनेक समस्याओं से जूझ रहे हैं। गाँव के प्रभावशाली यादव और धाकड़ समुदाय के लोग सरकार की दी हुई जमीनों पर कब्जा कर चुके हैं और आदिवासी परिवारों को खेती करने नहीं दे रहे।

घर के बाहर बैठ जब हम ज्ञानी से पूरी कहानी सुन रहे थे तब ज्ञानी की पत्नी जानकी आदिवासी ने बीच में ही बेबस आवाज में हमसें कहा-"हमारा नाम पट्टे में लिखा है, लेकिन जमीन हमारी नहीं रही। हमें "धमकाया जाता है, मारा जाता है, और जब हम शिकायत करने जाते हैं, तो पुलिस भी हमारी नहीं सुनती," यह सुनकर हम समझ रहे थे की हाशिए पर खड़े समाज

को न्याय दिलाने के लिए ये तंत्र किस तरह का गैर जिम्मेदाराना रवैया अपनाता है।

खैर, अभी भी ज्ञानी आदिवासी की कहानी पूरी नहीं हुई, उन्होंने हमें आगे बताया- 2022 में उनके बेटे रमेश को तब बेरहमी से पीटा गया जब वह अपनी जमीन देखने गया था। रमेश बताते हैं कि उनके साथ मारपीट की गई और उन्हें गाँव से बाहर निकाल दिया गया। जब उन्होंने थाने में शिकायत दर्ज कराई तो उल्टा उन पर ही शांति भंग करने का मामला दर्ज कर दिया गया।

यह सुनकर आश्चर्य हुआ की क्या बास्तव में पुलिस को गरीब, असहाय और न्याय पाने की उम्मीद में बैठे आदिवासियों की जरा भी परवाह है घ् या फिर ग्रामीण इलाकों में पुलिस सिर्फ प्रभावशील व्यक्तियों के दबाव और रूतबें में अदिवासियों पर जूठे मुकदमें दर्ज कर देती हैघ्

संविधान के अनुच्छेद 46 के तहत सरकार का दायित्व है कि वह अनुसूचित जाति और अनुसूचित जनजाति के लोगों को आर्थिक और शैक्षिक रूप से सशक्त करे। इसके अलावा अनुसूचित जनजाति और अन्य परंपरागत वन निवासी (वन अधिकार मान्यता) अधिनियम, 2006 के तहत आदिवासियों को उनकी परंपरागत भूमि पर अधिकार देने की बात कही गई है। लेकिन भैंसावन गाँव की घटना बताती है कि जमीनी स्तर पर ये अधिकार केवल कागजों तक सीमित हैं।

सरकार द्वारा आदिवासियों और दलितों को जमीन देने की योजना सामाजिक न्याय की दिशा में एक बड़ा कदम थी। लेकिन जब तक वे इस

जमीन पर अपना वास्तविक अधिकार नहीं प्राप्त कर सकते, तब तक यह योजना अधूरी ही रहेगी। प्रशासनिक उदासीनता, दबंगों का वर्चस्व और न्यायिक प्रक्रिया की जटिलता इन समुदायों को उनके संवैधानिक अधिकारों से वंचित कर रही है।

यदि सरकार इस समस्या का समाधान नहीं निकालती है तो यह केवल भूमि का मुद्दा नहीं रहेगा, बल्कि यह संविधान के मूलभूत अधिकारों के उल्लंघन का प्रश्न बन जाएगा। सरकार को चाहिए कि वह प्रभावशाली लोगों से जमीन खाली करवाने के लिए विशेष अभियान चलाए, पट्टे की जमीन का सीमांकन शीघ्र करवाए और प्रशासनिक अधिकारियों की जवाबदेही तय करे। अन्यथा, यह योजना केवल "सरकारी फाइलों में एक अधूरी सफलता" के रूप में दर्ज रह जाएगी। ये मुमकिन तब है जब पूरी ताकत से इन मुददों को उठाया जाए, जिसमें महत्वपूर्ण कदम आज की पत्रकारिता का भी हो सकता है।

# शिक्षा पर संकट

मैंने अगस्त 2023 में मध्य प्रदेश की अति पिछड़ी जनजाति सहरिया समाज की शिक्षा से दूरी और कुपोषण की समस्या पर एक विशेष रिपोर्ट तैयार की थी। इस रिपोर्ट को लिखने के लिए मैंने ग्वालियर-चंबल संभाग के ग्रामीण इलाकों का दौरा किया, जहाँ सहरिया समाज की बड़ी आबादी निवास करती है। रिपोर्ट तैयार करने से पहले मैंने विभिन्न स्त्रोतों, सरकारी आंकड़ों, सामाजिक कार्यकर्ताओं, और प्रभावित परिवारों से विस्तृत बातचीत की। मेरी रिपोर्ट द मूकनायक वेबसाईट में प्रकाशित हुई, जिसका मुख्य उद्देश्य इस समुदाय की वास्तविक स्थिति को उजागर करना और उनकी समस्याओं को नीति निर्माताओं तक पहुँचाना था।

इस रिपोर्टिंग के दौरान मुझे कई चुनौतियों का सामना भी करना पड़ा। मेरे सामने सबसे बड़ी चुनौती थी वहां के स्थानीय लोगों का विश्वास जीतना। चूँकि सहरिया समाज बाहरी लोगों से बहुत कम संवाद करता है, इसलिए उनसे सीधे बातचीत करना आसान नहीं था। मुझे पहले उनके समुदाय के कुछ प्रमुख लोगों, जैसे सामाजिक कार्यकर्ताओं और शिक्षकों से संपर्क करना पड़ा, ताकि वे मेरा परिचय गाँववालों से करा सकें। दूसरी

चुनौती थी उनकी क्षेत्रीय बोली को समझना। हालाँकि, मैंने स्थानीय शिक्षकों और कार्यकर्ताओं की मदद से अनुवाद करवाया और उनकी समस्याओं को गहराई से समझने का प्रयास किया।

मेरी रिपोर्ट में प्रमुख रूप से इस बात पर फोकस किया गया था कि सहरिया समाज के बच्चे शिक्षा से दूर क्यों हो रहे हैं? रिपोर्टिंग के दौरान मैंने कई अभिभावकों और बच्चों से बात की, जिनमें से अधिकांश ने बताया कि वे विद्यालय में पढ़ाई से खुद को जुड़ा हुआ महसूस नहीं करते हैं। इसका सबसे बड़ा कारण था स्थानीय भाषाई शिक्षक न होना। पहले सरकार ने क्षेत्रीय बोली के शिक्षकों की नियुक्ति की थी, जिससे सहरिया समाज के बच्चों को उनकी अपनी बोली में पढ़ाई करने में सुविधा मिलती थी, लेकिन बाद में इस योजना को बंद कर दिया गया। यह अशिक्षा का बड़ा कारण सामने आया।

अशोकनगर जिले के नारोन गाँव में मुझे सपना सहरिया से मिलने का अवसर मिला, जिसने छठी कक्षा पास करने के बाद पढ़ाई छोड़ दी थी। उसके पिता करन सहरिया ने बताया कि स्कूल में सिखाई जाने वाली भाषा को न समझ पाने के कारण उसकी बेटी ने पढ़ाई से दूरी बना ली। यह समस्या केवल सपना की नहीं थी, बल्कि पढ़ाई छोड़ चुके गाँव के कई अन्य बच्चों की भी थी।

रिपोर्टिंग के दौरान मैंने कई विशेषज्ञों से भी बातचीत की, जिनमें बीयू (बरकतउल्ला यूनिवर्सिटी) समाजशास्त्र विभाग के शोधार्थी इम्तियाज खान भी शामिल थे। उन्होंने बताया कि सहरिया, भारिया और बैगा तीनों जनजातियाँ अत्यधिक पिछड़ी श्रेणी में आती हैं और उनकी शिक्षा दर बहुत

ही निम्न स्तर पर है। उन्होंने बताया कि इन जनजातियों की प्रमुख समस्या यह है कि ये अपनी ही बोली में संवाद करते हैं, जिससे औपचारिक शिक्षा प्रणाली में इनके लिए सीखने की प्रक्रिया कठिन हो जाती है।

इसके अलावा, शिवपुरी जिले में सहरिया क्रांति आंदोलन चला रहे वरिष्ठ पत्रकार संजय बेचैन से भी मेरी बातचीत हुई। उन्होंने बताया कि सरकार ने पहले जिन भाषाई शिक्षकों की नियुक्ति की थी, वे सहरिया बच्चों को उनकी बोली में पढ़ाते थे, जिससे वे शिक्षा से जुड़ने लगे थे। लेकिन इस योजना को बंद कर देने से अब बच्चे फिर से शिक्षा से दूर होने लगे हैं।

शिक्षा की समस्या के साथ-साथ मेरी रिपोर्ट में सहरिया समाज के लोगों में व्याप्त भीषण कुपोषण पर भी प्रकाश डाला गया। मैंने पाया कि शिवपुरी और श्योपुर जिलों में सहरिया समाज की बड़ी आबादी रहती है और यही इलाके प्रदेश के कुपोषण दर में सबसे ऊपर हैं। सरकारी स्तर पर कई योजनाएँ चलाई जा रही हैं, लेकिन जमीनी हकीकत यह है कि ये योजनाएँ सहरिया समाज तक पूरी तरह नहीं पहुँच पा रही हैं।

रिपोर्टिंग के दौरान मैंने पाया कि सहरिया समाज ने सरकार से अपनी मांगों को लेकर बड़े स्तर पर आंदोलन भी किए हैं। हाल ही में ग्वालियर-चंबल संभाग से सहरिया समाज के लोग 400 किलोमीटर की पैदल यात्रा कर राजधानी भोपाल पहुँचे थे, जहाँ उन्होंने मुख्यमंत्री से मिलने की कोशिश की। उनकी प्रमुख मांग यही थी कि 2017 में घोषित 286 भाषाई शिक्षकों के पदों पर तत्काल नियुक्ति की जाए। हालाँकि, सरकार से उनकी कोई ठोस बातचीत नहीं हो पाई और उन्होंने अनिश्चितकालीन भूख हड़ताल की चेतावनी दी।

यह रिपोर्टिंग मेरे लिए एक गहरा अनुभव था। इससे मुझे यह समझने का अवसर मिला कि किस तरह नीतिगत असफलताएँ हाशिए पर खड़े समुदायों के जीवन पर सीधा असर डालती हैं। इस दौरान मैंने यह भी सीखा कि किसी समुदाय की वास्तविक समस्याओं को समझने के लिए उनके बीच जाकर समय बिताना, उनसे संवाद करना और उनकी संस्कृति को समझना बहुत जरूरी होता है। इस रिपोर्ट ने मेरी पत्रकारिता को एक नया दृष्टिकोण दिया और मुझे प्रेरित किया कि मैं आगे भी हाशिए पर खड़े समुदायों की आवाज को उठाता रहूँ।

# कुपोषण का कहर

हम एक और हकीकत का जिक्र कर रहे हैं जो सहरिया आदिवासियों की तकलीफ से जुडी है। मध्य प्रदेश का श्योपुर जिला, जिसे 'भारत का इथोपिया' कहा जाता है, एक ऐसी जगह है जहां विकास की दौड़ में शामिल होने का सपना तो देखा जाता है, लेकिन पेट की आग बुझाने के लिए लड़ते-लड़ते वह सपना धुंधला पड़ जाता है। यह जिला विशेष पिछड़ी जनजाति सहरिया समुदाय का गढ़ है, जो कुपोषण, गरीबी और सरकारी उपेक्षा की त्रासदी में जीने को मजबूर है।

वर्ष 2023 के विधानसभा चुनाव के दौरान रिपोर्टिंग के लिए मैंने इस जिले का दौरा किया तो सरकारी फाइलों में दर्ज विकास योजनाओं और जमीनी हकीकत के बीच का गहरा अंतर साफ दिखा। यहां हर गांव, हर घर, और हर बच्चा अपनी दयनीय स्थिति की मूक गवाही देता है। भूख से कमजोर होती काया, गालों के अंदर धंसी हड्डियां, और कुपोषण से पीड़ित मासूम चेहरे इंसानियत पर लग रहे सबसे बड़े सवालों में से एक हैं, क्या यह वही देश है जो 21 वीं सदी में विश्व शक्ति बनने का सपना देख रहा है ?

श्योपुर के कराहल और विजयपुर के आदिवासी गांवों का दौरा करते हुए मैं कई ऐसे घरों में गया, जहां भोजन की थाली भी सूनी थी। सरकारी आंकड़ों में बताया जाता है कि कुपोषण में कमी आई है, लेकिन हकीकत कुछ और ही थी। मैंने अपनी आंखों से देखा कि कई परिवारों के पास दिन में एक बार भी भरपेट भोजन नहीं था।

टिकटोली और मोरावन गांवों में मिट्टी की झोपड़ियों में रहने वाले आदिवासियों की स्थिति बेहद खराब थी। घरों में राशन के नाम पर सिर्फ सूखी मक्का या कभी-कभी नमक-मिर्च के साथ चावल का उबला हुआ घोल ही दिखा। यहां लोगों के पास आय का कोई स्थायी साधन नहीं है। जब गांव के पुरुष मजदूरी के लिए राजस्थान चले जाते हैं, तब महीनों तक घर में सिर्फ अधपका भोजन ही बच्चों की भूख मिटाने का साधन बनता है। गांव

के बुजुर्गों ने बताया कि हालात हमेशा से ऐसे ही हैं। सरकारें आती हैं, वादे करती हैं, लेकिन जमीनी बदलाव कहीं नहीं दिखता।

श्योपुर के जैतवाड़ा गांव की सरतीजो की कहानी सुनकर मेरी रूह कांप उठी। उसके दो पोते तीन साल पहले गंभीर कुपोषण के शिकार थे। जुड़वां बच्चों के शरीर की हड्डियां उभर आई थीं, उनके पैर सूखकर लकड़ी की टहनियों जैसे दिखते थे। जब हालत बेहद गंभीर हो गये, तब उन्हें जिला अस्पताल के पोषण पुनर्वास केंद्र (एनआरसी) में भर्ती कराया गया। 15 दिन की देखभाल के बाद वे ठीक तो हो गए, लेकिन कुपोषण ने उनका बचपन छीन लिया।

सरतीजो ने उदास स्वर में कहा, "बड़े बेटे के बच्चे जब ठीक हुए, तब छोटे बेटे की बेटी बीमार पड़ गई। उसका शरीर भी कमजोर हो गया है। अब फिर से अस्पताल के चक्कर लगाने पड़ेंगे।"

गांव की आंगनबाड़ी कार्यकर्ता बैजंती गुर्जर ने बताया कि यह समस्या सिर्फ सरतीजो के परिवार तक सीमित नहीं है। हर महीने गांव में नए कुपोषित बच्चे सामने आते हैं।

जब मैं श्योपुर जिला अस्पताल के पोषण पुनर्वास केंद्र (एनआरसी) पहुंचा, तो वहां के दृश्य ने मेरे दिल को झकझोर दिया। केंद्र में कुल 12 कुपोषित बच्चे भर्ती थे। कुछ इतने कमजोर थे कि सांस लेने में भी तकलीफ हो रही थी। कुछ बच्चों को तो गंभीर स्थिति में अस्पताल के आईसीयू में भर्ती किया गया था।

डॉ. मंगल, जो एनआरसी के प्रभारी हैं, उन्होंने बताया, "कुपोषण के लक्षण जन्म के बाद धीरे-धीरे उभरते हैं। हाथ-पैर पतले हो जाना, स्किन पर चकत्ते पड़ना, खाना खाने के बाद पेट फूल जाना ये सब संकेत हैं कि बच्चा कुपोषित है।"

बच्चों की लंबाई नहीं बढ़ना भी कुपोषण का संकेत है। शुरुआत में आंगनबाड़ी कार्यकर्ता इन बच्चों का इलाज करती हैं, लेकिन जब स्थिति गंभीर हो जाती है, तो उन्हें एनआरसी भेज दिया जाता है।

सरकार कहती है कि वह कुपोषण मिटाने के लिए हर संभव प्रयास कर रही है। महिला एवं बाल विकास विभाग के मुताबिक, प्रदेश में प्रति कुपोषित बच्चे के पोषण पर 8 रुपये खर्च किए जा रहे हैं। 3-6 साल के बच्चों को आंगनबाड़ी में पोषण आहार दिया जाता है, लेकिन जब हमने गांवों में जाकर देखा, तो सच्चाई कुछ और ही बयां कर रही थी।

गांवों में महिलाओं ने बताया कि पोषण आहार अनुदान योजना के तहत उन्हें हर महीने 1000 रुपये मिलने थे, लेकिन पिछले सात महीनों से यह पैसा उनके खातों में नहीं आया। जब वे बैंक जाती हैं, तो उन्हें टाल-मटोल कर वापस कर दिया जाता है।

वर्धा गांव की आहुति ने नाराजगी जताते हुए कहा, "हम बैंक के कितने चक्कर लगाएंगे? अधिकारी कहते हैं कि पैसा आएगा, लेकिन कब?"

आदिमजाति कल्याण विभाग के आयुक्त संजीव सिंह से जब हमने इस बारे में पूछा, तो उन्होंने कहा कि विभाग इस मामले की जांच करेगा। लेकिन यह जवाब गांव की भूख मिटाने के लिए काफी नहीं था।

मध्य प्रदेश में 2022 में पोषण आहार घोटाला सामने आया था। सरकारी दस्तावेजों में भोपाल, छिंदवाड़ा, धार, झाबुआ, रीवा, सागर, सतना, शिवपुरी और श्योपुर में करीब 97 हजार मीट्रिक टन पोषण आहार का वितरण दिखाया गया था, लेकिन जांच में पाया गया कि 10 हजार टन आहार सिर्फ कागजों में ही बांटा गया।

इस घोटाले में करीब 62 करोड़ रुपये की हेराफेरी हुई। शिवपुरी जिले में केवल आठ महीनों में 5 करोड़ रुपये का पोषण आहार कागजों में ही गायब हो गया। यह घोटाला साबित करता है कि गरीबों के नाम पर बड़े स्तर पर भ्रष्टाचार हो रहा है। जिन मासूमों को पोषण आहार मिलना चाहिए था, वे भूख से मर रहे हैं।

श्योपुर के ये गांव सिर्फ आदिवासी बहुल क्षेत्र नहीं हैं, बल्कि ये भूख, कुपोषण और सरकारी उदासीनता की जीती-जागती तस्वीर हैं। यहां का

हर बच्चा इस बात का सबूत है कि योजनाओं की लंबी फेहरिस्त के बावजूद जमीनी स्तर पर कुछ नहीं बदला।

सरकारें आती हैं और चली जाती हैं, लेकिन इन गांवों की भूख खत्म नहीं होती। सवाल उठता है की क्या हम एक ऐसे देश का निर्माण कर रहे हैं, जहां 21 वीं सदी में भी लोग दो वक्त की रोटी के लिए तरसेंगे ? क्या विकास का सपना सिर्फ कागजों तक सीमित रहेगा ?

सरकार के बड़े-बड़े वादों और जमीनी हकीकत के बीच जो खाई है, वह आदिवासियों के जीवन को तबाह कर रही है। श्योपुर के इन गांवों में जब तक भूख को खत्म करने के लिए ईमानदार प्रयास नहीं होंगे, तब तक ये बच्चे कुपोषण की छाया में ही बड़े होते रहेंगे या फिर किसी अस्पताल के बिस्तर पर दम तोड़ देंगे।

# अध्याय पंचम

# अलीराजपुर की गरीबी

श्योपुर जिले की कुपोषण स्थिति को समझने के बाद जब हम अलीराजपुर पहुंचे, तो यह यात्रा केवल भौगोलिक दूरी तय करने भर की नहीं थी, बल्कि यह हमें भारत के सबसे गरीब जिले के उस यथार्थ तक ले जाने वाली थी, जो सरकारी रिपोर्टों के आंकड़ों से कहीं अधिक कठोर और निर्मम था। वर्ष 2021 में आई नीति आयोग की रिपोर्ट में अलीराजपुर को भारत का सबसे गरीब जिला बताया गया था। मल्टी डायमेंशनल पावर्टी इंडेक्स यानी 'बहुआयामी गरीबी सूचकांक' के मुताबिक यह जिला शिक्षा, स्वास्थ्य और जीवन की बुनियादी जरूरतों के हर पैमाने पर पिछड़ा हुआ था। लेकिन जब हमने यहां के नर्मदा किनारे बसे गांवों की ओर रुख किया, तो हमें गरीबी के उन अनदेखे पहलुओं का एहसास हुआ जो किसी रिपोर्ट का हिस्सा नहीं बनते।

अलीराजपुर से करीब 30 किलोमीटर की यात्रा के बाद हम ककराना गांव पहुंचे। यह गांव नर्मदा नदी के किनारे बसा है। यहां से नदी के उस पार पेरियातर, झंडाना, सुगट, बेरखेड़ी, डूबखेड़ा, बड़ा आम्बा, जल सिंधी, सिलकदा और रोलीगांव आदि कई गांव दिख रहे थे, जो उत्तर भारत के उन गांवों से अलग थे, जहां मकान आपस में सटे होते हैं। यहां हर घर एक छोटे-छोटे टापू पर बसा था, जिन्हें गांव के लोग फलिया कहते हैं। एक फलिया में मुश्किल से दो से छह मकान होते हैं और पूरी बस्ती नर्मदा के किनारे ऐसे सैकड़ों टापुओं पर बसी हुई थी।

हम नदी पार कर झंडाना होते हुए ककराना पहुंचे। रास्ते में हमने देखा कि यहां के लोग नावों और छोटी कश्तियों के सहारे सफर करते हैं। बारिश में नदी का जलस्तर बढ़ने पर ये नावें बह जाती हैं और तब इन गांवों का संपर्क दुनिया से पूरी तरह टूट जाता है। यहां न सड़क थी, न बिजली, और न ही स्वास्थ्य सुविधाएं।

हम नदी किनारे एक फलिया पर पहुंचे, जहां हमें ललिता और उसका परिवार मिला। ललिता अपने पति सुरेश, उनके भाई, उसकी पत्नी और चार बच्चों के साथ एक छोटी-सी झोपड़ी में रहती थी। उनके घर में रोजमर्रा की जरूरत के गिनती के बर्तन थे। सुरेश और उसका भाई मजदूरी करते थे, लेकिन आमदनी इतनी कम थी कि परिवार का पेट भरना भी मुश्किल था।

ललिता की आँखों में असहजता थी, जब उसने कहा-हमारे पास खेती की थोड़ी-बहुत जमीन थी, लेकिन नदी में आई बाढ़ ने सब कुछ बहा दिया। नाव भी डूब गई। अब मजदूरी ही सहारा है, लेकिन वह भी हर दिन नहीं मिलती।

उसकी बातों से साफ झलक रहा था कि वह किस हद तक अपने परिवार के भविष्य को लेकर चिंतित थी। सबसे बड़ी चिंता तब उभर कर आई, जब उसने कहा-ईश्वर से बस यही प्रार्थना करती हूँ कि कोई बीमार न पड़े। अगर कुछ हो गया तो इलाज कैसे कराऊंगी ? अस्पताल जाना भी हमारे लिए एक सपना है।

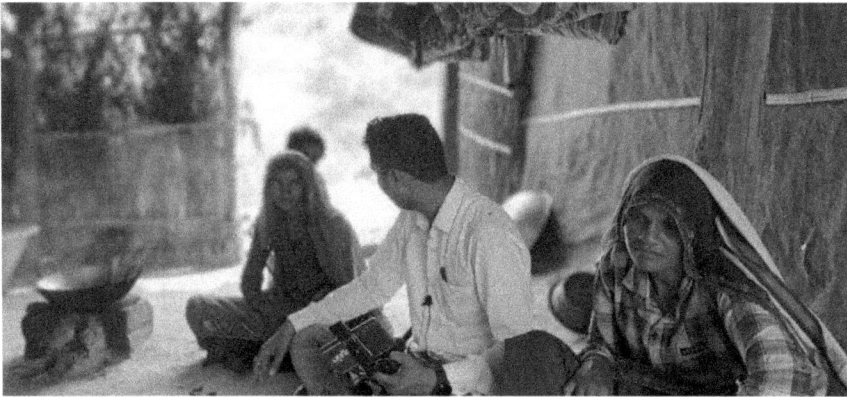

उसकी आवाज में एक अजीब-सी घुटन थी। यहां न कोई डॉक्टर था, न स्वास्थ्य केंद्र था और न ही कोई एम्बुलेंस। कई बार मरीजों को कंधों पर उठाकर नदी पार कराना पड़ता था। अक्सर तो तब तक बहुत देर हो चुकी होती थी।

अलीराजपुर जिले की कुल आबादी 7 लाख 28 हजार है, लेकिन यहां की साक्षरता दर मात्र 36 प्रतिशत है। 71 प्रतिशत आबादी अति-निर्धनता में जीवन यापन कर रही है और 92 प्रतिशत लोग ग्रामीण क्षेत्रों में रहते हैं। इस जिले की 90 प्रतिशत से अधिक जनसंख्या आदिवासी समुदाय की है। यह आंकड़े एक हकीकत बयां करते हैं, लेकिन जब आप यहां के गांवों में पहुंचते हैं, तो महसूस होता है कि यह गरीबी महज आर्थिक तंगी तक सीमित नहीं है। यह गरीबी अवसरों की, शिक्षा की, स्वास्थ्य सेवाओं की और बुनियादी मानवाधिकारों की भी है।

हमनें अलीराजपुर के तत्कालीन कलेक्टर डॉ. अभय अरविंद बेडेकर से इन समस्याओं पर बात की। हमनें उन्हें झंडाना, ककराना और आसपास के गांवों की स्थिति बताई और पूछा कि प्रशासन क्या कर रहा है? उन्होंने बताया कि सरकार की कई योजनाएं यहां चलाई जा रही हैं, कुछ आदिवासियों को दूसरी जगह जमीनें भी दी गई हैं।

लेकिन जब हमने उनसे इन योजनाओं का जमीनी असर समझाने के लिए आंकड़े मांगे, तो उन्होंने कहा-राज्य में आचार संहिता लागू है, इसलिए हम कोई भी आंकड़े सांझा नहीं कर सकते। यह सुनकर हमें महसूस हुआ कि प्रशासन की मशीनरी आंकड़ों तक सिमटी हुई है, जबकि जमीनी हकीकत कुछ और ही बयां करती है।

ककराना और झंडाना जैसे गांवों में हमने जो देखा, वह किसी सरकारी रिपोर्ट में नहीं दिखेगा। ललिता जैसी महिलाओं की आँखों में जो डर, मजबूरी और संघर्ष की झलक दिख रही थी, वह आंकड़ों में नहीं उतर सकती। यह सिर्फ आर्थिक गरीबी नहीं है, यह एक पूरी पीढ़ी को शिक्षा और स्वास्थ्य से वंचित रखने वाली व्यवस्था की नाकामी है।

जब हम लौट रहे थे, तो नर्मदा किनारे बैठे एक बुजुर्ग को देखा, जो शांत पानी को ताक रहे थे। ऐसा लग रहा था कि वे नदी से कोई जवाब मांग रहे हों। शायद यह कि क्या उनकी आने वाली पीढ़ियां भी इसी हाल में जिएगी ? क्या उनकी समस्याएं भी केवल कागजों तक ही सीमित रह जाएंगी?

मैंने गरीबी को पहली बार इतने करीब से देखा था, वह गरीबी जो सिर्फ भूख से नहीं, बल्कि हक और इंसाफ से वंचित होने से पैदा होती है।

# न-नल-न-जल

मध्य प्रदेश के पूर्वी छोर पर स्थित अनूपपुर जिला, जो राजधानी भोपाल से लगभग 600 किलोमीटर दूर है, जनजातीय समुदायों का बसेरा है। यहां विशेष रूप से बैगा, गौड़ जनजाति निवास करती है। बैगा जनजाति अपने प्राकृतिक जीवन, पारंपरिक ज्ञान और सांस्कृतिक विरासत के लिए जानी जाती है, लेकिन आधुनिक विकास की मुख्यधारा से यह आज भी काफी हद तक कटी हुई है।

हमारी यात्रा इस जिले की पुष्पराजगढ़ विधानसभा के कुछ सबसे दुर्गम गाँवों में भी हुई, जहां बुनियादी सुविधाओं की भारी कमी है। इन गाँवों में बिजली, पानी, सड़क और शिक्षा जैसी बुनियादी सुविधाएं अब भी एक सपना बनी हुई हैं। इन आदिवासी परिवारों का जीवन संघर्षों से भरा है, लेकिन उनके संकल्प और जिजीविषा की कहानी किसी भी संवेदनशील व्यक्ति को झकझोर सकती है।

हम सबसे पहले ग्राम पंचायत बोधा के अंतर्गत गढ़ीदादर गाँव पहुंचे। यह आदिवासी बाहुल्य गाँव लगभग 900 लोगों की आबादी वाला है, लेकिन भारत की आजादी के बाद से अब तक यहाँ बिजली तक नहीं पहुंची।

गाँव के लोगों का कहना है कि वे इस बार चुनाव का बहिष्कार करेंगे। उनका स्पष्ट कहना है-जब तक गाँव में बिजली नहीं आएगी, तब तक हम वोट नहीं डालेंगे।

इंद्रवती, जो सात साल पहले गढ़ीदादर की बहू बनकर आई थीं, कहती हैं-जब शादी के बाद पहली बार ससुराल आई, तो सोचा था कि कुछ ही दिनों में बिजली आ जाएगी। लेकिन आज भी हमारे घर में लालटेन की लौ से ही रोशनी मिलती है।

सरकारें बदलती गईं, बजट बढ़ते गए, लेकिन इस गाँव में आज तक बिजली का खंभा नहीं लगा। मध्य प्रदेश सरकार का 2022-23 में ऊर्जा

बजट 23,255 करोड़ रूपये था, लेकिन यह रकम गढ़ीदादर जैसे गाँवों की अंधेरी गलियों तक नहीं पहुंच पाई।

गढ़ीदादर से आगे बढ़ते हुए हम बैगानटोला गाँव पहुंचे। यह गाँव मुख्य सड़क से 5 किलोमीटर अंदर पहाड़ों और जंगलों के बीच बसा हुआ है। यहाँ तक पहुँचने के लिए कोई पक्की सड़क नहीं है, सिर्फ एक संकरा, पथरीला ऊंचा-नीचा रास्ता है।

गाँव के सरपंच दादूराम आदिवासी हमें साथ लेकर गाँव तक ले गए। करीब 200 लोगों की आबादी वाला यह गाँव दो टोले में बसा है। यहाँ के लोग मुख्य रूप से खेती और मजदूरी पर निर्भर हैं।

दादूराम आदिवासी ने कहा- हमारे पूर्वज यहीं रहते आए हैं, लेकिन सरकार कहती है कि यह जमीन वन विभाग की है। इसी कारण यहाँ न कोई सरकारी अधिकारी आता है, न कोई विकास कार्य होता है।

यहाँ तक पहुँचने में हमें पाँच किलोमीटर की पैदल यात्रा करनी पड़ी। संकरी और पथरीली पगडंडियों से गुजरते हुए यह साफ हो गया कि क्यों इस गाँव में अब तक कोई प्रशासनिक अधिकारी नहीं पहुंचा। हमारे पहुंचते ही गांव में खुशी का माहौल था, क्योंकि हम पहले बाहरी व्यक्ति थे जो उस गांव में पहुंचे थे।

हमने देखा- बैगानटोला में पेयजल की भारी समस्या है। यहाँ के लोग आज भी झिरिया (छोटे-छोटे गड्ढे) खोदकर पानी निकालते हैं। ये झिरिया पहाड़ों से रिसने वाले पानी से रातभर में भर जाती हैं और इसी पानी से पूरा गाँव अपनी प्यास बुझाता है।

गाँव की शामली देवी बताती हैं- हमारे पास कोई कुआं नहीं है, कोई नल नहीं है। सरकार कहती है कि हर घर नल से जल मिलेगा, लेकिन हमें तो पीने के लिए भी साफ पानी तक नहीं मिलता। दूषित पानी पीने से

गाँव में बीमारियाँ फैलती हैं, लेकिन अस्पताल दूर होने के कारण इलाज नहीं हो पाता।

भारत सरकार ने 2022-23 के बजट में जल जीवन मिशन के तहत 60,000 करोड़ रूपये का प्रावधान किया था, लेकिन बैगानटोला इस योजना के लाभ से अब भी वंचित है।

गाँव में शिक्षा की हालत भी चिंताजनक है। प्राथमिक स्कूल तो है, लेकिन शिक्षक कभी-कभार ही आते हैं। माध्यमिक शिक्षा के लिए बच्चों को ग्राम गुट्टीपारा जाना पड़ता है, जो यहाँ से कई किलोमीटर दूर है।

सरपंच दादूराम आदिवासी बताते हैं-मैं खुद पढ़ा-लिखा हूँ क्योंकि मेरा गाँव सड़क के पास था। लेकिन बैगानटोला के बच्चे स्कूल नहीं जा पाते, क्योंकि रास्ता खराब है। इससे उनका भविष्य अंधकार में जा रहा है।

मध्य प्रदेश सरकार ने 2022-23 में शिक्षा बजट के लिए 27,792 करोड़ रूपये का प्रावधान किया, लेकिन इसका लाभ इन आदिवासी बच्चों तक नहीं पहुँच पाया।

बैगानटोला और गढ़ीदादर के लोगों को पोषण आहार अनुदान, टंट्या मामा आर्थिक ऋण योजना, संबल योजना जैसी सरकारी योजनाओं का लाभ भी नहीं मिल रहा है।

सरपंच दादूराम कहते हैं- हमने कई बार पंचायत की ओर से सड़क निर्माण का प्रस्ताव दिया, लेकिन हर बार यह फाइलों में ही दब कर रह गया। सरकार कागजों में विकास दिखाती है, लेकिन जमीनी हकीकत कुछ और ही है।

पुष्पराजगढ़ से कांग्रेस विधायक फुन्देलाल मार्को कहते हैं-यह क्षेत्र बहुत पिछड़ा हुआ है। सिर्फ विधायक निधि से विकास संभव नहीं है। मौजूदा भाजपा सरकार को आदिवासियों की समस्याओं की नहीं, सिर्फ उनके वोटों की चिंता है।

अनूपपुर का यह इलाका सिर्फ एक जिला नहीं, बल्कि विकास की अधूरी कहानियों का दस्तावेज है। आज भी गढ़ीदादर अंधेरे में जी रहा है, बैगानटोला के लोग झिरिया से पानी निकाल रहे हैं और उनके बच्चे स्कूल से दूर हैं।

सरकारें आईं और गईं, बजट बढ़ते गए, लेकिन इन गाँवों में बिजली, सड़क, पानी और शिक्षा अब भी सिर्फ वादों तक सीमित हैं।

इन आदिवासियों के संघर्ष को कब सुना जाएगा ? कब उन्हें उनका हक मिलेगा ? ये सवाल सरकार के दावों और विकास की तस्वीर पर गहरे प्रश्नचिह्न लगाते हैं।

# आजीविका का संकट

अगली दास्तां सहरिया अदिवासियों के रोजगार की है। श्योपुर, शिवपुरी, अशोकनगर और गुना के जंगलों में कभी सहरिया आदिवासी समुदाय की जड़ें गहरी थीं। उनकी पहचान जंगलों से थी, उनकी जीविका जड़ी-बूटी संकलन से जुड़ी थी। लेकिन समय के साथ जंगल घटते गए, वन संपदा सिकुड़ती गई और साथ ही उनकी पुश्तैनी पहचान भी विलुप्त होती चली गई। आज स्थिति यह है कि जहां कभी सहरिया समाज के लोग औषधीय पौधों की पहचान करने में माहिर हुआ करते थे, वहीं अब वे अपनी आजीविका के लिए मजदूरी करने को मजबूर हैं। अब सवाल है की आखिर इतना संवेदनशील विषय, जिससे एक संरक्षित जनजाति की आजीविका जुड़ी है, ऐसे समाचारों को मुख्यधारा की पत्रकारिता कितना महत्व दे रही है ?

मध्य प्रदेश की विशेष पिछड़ी जनजातियों में से एक सहरिया समुदाय का जीवन संघर्षों से भरा हुआ है। जंगलों से कटकर, अपनी पहचान खोकर वे उन शहरों में पलायन कर रहे हैं, जिनसे कभी उनका कोई नाता नहीं रहा। लेकिन इन शहरों में भी उनके लिए कोई सम्मानजनक जगह नहीं है- वे निर्माण स्थलों पर मजदूर बनकर खटते हैं, ईंट-भट्ठों पर काम करते हैं और कभी-कभी तो पूरे परिवार को दो वक्त की रोटी जुटाने के लिए एक ही जगह पर मजदूरी करनी पड़ती है।

श्योपुर जिले का कराहल इलाका, जो कभी औषधीय वनस्पतियों के लिए मशहूर था, अब बेरोजगारी और कुपोषण के गढ़ में बदल चुका है। टुंडाराम आदिवासी, जो पहले जड़ी-बूटी संकलन के काम में लगे थे, अब मजबूरी में खेतों और ईंट-भट्ठों पर मजदूरी करने जा रहे हैं।

टुंडाराम बताते हैं- "पहले हमारे बुजुर्ग जंगलों में जाते थे और बिना किसी आधुनिक साधन के भी औषधियों को पहचानते थे। वे जानते थे कि

किस जड़ी-बूटी को कब और कैसे तोड़ना चाहिए ताकि वह फिर से उग सके। लेकिन अब जंगलों में कुछ बचा ही नहीं। व्यापारी जो भी औषधि खरीदते हैं, उसका सही दाम नहीं देते। ऐसे में हमने यह काम छोड़ दिया है।"

कराहल से आगे मोरवन और टिकटौली गांवों का भी यही हाल है। गांवों में सन्नाटा पसरा रहता है, क्योंकि साल के दस महीने लोग रोजगार की तलाश में बाहर रहते हैं। यहां सिर्फ महिलाएं, बच्चे और बुजुर्ग ही बचते हैं। पुरुषों का अधिकांश समय मजदूरी में बीतता है।

सहरिया समुदाय की सबसे बड़ी ताकत उनका पारंपरिक ज्ञान था- वे जानते थे कि कौन-सी औषधि किस बीमारी में काम आती है, वे जानते थे कि जंगल से कैसे वह अनमोल खजाना निकाला जाए, जो आयुर्वेदिक उपचारों का आधार था। लेकिन यह ज्ञान अब धीरे-धीरे लुप्त हो रहा है।

बीयू (बरकतउल्ला विश्वविद्यालय) के समाजशास्त्र विभाग के शोधार्थी इम्तियाज खान बताते हैं- "पहले सहरिया समाज की नई पीढ़ी अपने बुजुर्गों से औषधीय पौधों की जानकारी लेती थी, लेकिन अब जंगलों में औषधियां कम हो गई हैं। इससे युवा इस परंपरा को सीखने में रुचि नहीं दिखा रहे। परिणामस्वरूप, पारंपरिक ज्ञान धीरे-धीरे समाप्त हो रहा है।"

हमें यहां ग्राउंड रिर्पोट के दौरान ग्रामीणों ने बताया की - औषधीय पौधों की खेती का व्यवसायीकरण भी एक समस्या बन चुका है। सफेद मूसली, ग्वारपाठा, गुड़मार जैसी जड़ी-बूटियां, जो पहले जंगलों से ही मिलती

थीं, अब किसानों द्वारा खेतों में उगाई जा रही हैं। इससे जंगल पर निर्भर सहरिया आदिवासियों के रोजगार के अवसर और भी कम हो गए हैं।

सहरिया आदिवासियों का जीवन केवल रोजगार की समस्या से ही नहीं जूझ रहा, बल्कि कुपोषण भी उनके अस्तित्व को खतरे में डाल रहा है। मध्य प्रदेश के श्योपुर और शिवपुरी जिलों में सहरिया जनजाति की सबसे अधिक आबादी है और इन्हीं जिलों में कुपोषण की दर भी सबसे अधिक है।

सरकारी योजनाओं के बावजूद इन गांवों में पोषण का संकट बना हुआ है। कई परिवारों के पास पर्याप्त भोजन नहीं है, और बच्चों का शारीरिक विकास प्रभावित हो रहा है। श्योपुर जिले में कई गांवों में जब हमने पड़ताल की तो पता चला कि कई महिलाएं सिर्फ महुआ के फूल और चावल के पानी पर निर्भर हैं।

महिला एवं बाल विकास विभाग की रिपोर्टों में बार-बार यह तथ्य सामने आता है कि सहरिया समाज में बच्चों की मृत्युदर चिंताजनक रूप से अधिक है। लेकिन सरकार की तरफ से इस पर कोई ठोस प्रयास नहीं हो रहा।

जब गांवों में रोजगार नहीं बचा, जब जंगलों में औषधियां खत्म हो गईं, जब सरकार ने कोई ठोस कदम नहीं उठाया तो सहरिया समाज को मजबूरन पलायन करना पड़ा।

ग्वालियर, शिवपुरी, गुना, अशोकनगर और श्योपुर जिले के हजारों आदिवासी अब दिल्ली, राजस्थान, उत्तर प्रदेश और महाराष्ट्र तक मजदूरी

करने जाते हैं। वे रेलवे स्टेशनों, ईंट-भट्ठों, निर्माण स्थलों और खेतों में दिन-रात मेहनत करते हैं। लेकिन वहां भी उनके साथ भेदभाव होता है। उन्हें न तो सही मजदूरी मिलती है और न ही कोई सुरक्षा।

पोहरी क्षेत्र के प्रदीप आदिवासी बताते हैं-"मेरे दादा-दादी औषधि संकलन करके अच्छा जीवनयापन कर लेते थे। लेकिन अब हमें मजदूरी करने के लिए हजारों किलोमीटर दूर जाना पड़ता है। वहां हमें बंधुआ मजदूर की तरह रखा जाता है, कई बार पैसे भी नहीं दिए जाते। अपने ही देश में हम बेगाने हो गए हैं।"

संविधान ने हर नागरिक को समानता, स्वतंत्रता और सम्मान से जीने का अधिकार दिया है। लेकिन सहरिया समाज के लोग इन अधिकारों से दूर हैं।

सरकार ने उन्हें विशेष पिछड़ी जनजाति (PVTGs) का दर्जा दिया है, लेकिन इस दर्जे का लाभ वे नहीं उठा पा रहे। सरकारी योजनाएं कागजों पर तो हैं, लेकिन जमीनी हकीकत कुछ और ही कहती है। शिक्षा का स्तर बेहद निम्न है, स्वास्थ्य सेवाएं न के बराबर हैं, और रोजगार के अवसर खत्म हो चुके हैं।

संविधान कहता है कि हर नागरिक को अपनी पहचान के साथ सम्मानपूर्वक जीने का अधिकार है, लेकिन सहरिया समाज की मूल पहचान ही खत्म हो रही है।

सहरिया समाज का संघर्ष केवल जंगलों की समाप्ति का ही नहीं, बल्कि अपने अस्तित्व को बचाने का भी है।

अगर सरकार और समाज ने समय रहते इस ओर ध्यान नहीं दिया, तो आने वाले समय में यह जनजाति केवल किताबों और रिपोर्टों में सिमट जाएगी। उनके ज्ञान, उनकी परंपरा, उनकी भाषा और उनका जीवन संघर्ष सब कुछ इतिहास बन जाएगा।

यह समय केवल चिंता करने का नहीं, बल्कि ठोस कदम उठाने का है- सरकार को रोजगार के अवसर बढ़ाने होंगे, जंगलों की सुरक्षा करनी होगी, पारंपरिक ज्ञान को संरक्षित करना होगा, और सबसे जरूरी बात यह कि सहरिया समाज को उनका सम्मान और उनकी पहचान उन्हें वापस दिलानी होगी। क्योंकि किसी भी समाज की पहचान उसकी जड़ों से होती है-और अगर जड़ें खत्म हो जाएं, तो पहचान भी मिट जाती है।

# अध्याय षष्ठम्

# हीरों के बीच बिखरी जिंदगियाँ

"मौत से पहले मरना क्या होता है, यह हमसे बेहतर कौन जानेगा?" यह कहते हुए लच्छू लाल आदिवासी ने अपने कांपते हाथों से अस्पताल के कागज मुझे थमा दिए। उनके चेहरे पर तकलीफ के साथ एक अजीब सी बेबसी थी।

पन्ना जिले की पत्थर खदानों में पिछले 17 सालों से मजदूरी करने वाले लच्छू लाल आज बिस्तर पर पड़े हैं, सांसों की डोर दिन-ब-दिन कमजोर होती जा रही है। लच्छू लाल की कहानी लच्छू लाल के शरीर की ताकत, पत्थरों को तोड़ने में ही नहीं, बल्कि हर सांस के साथ टूटती रही है। जब पहली बार उन्हें सांस लेने में तकलीफ हुई तो सरकारी अस्पताल ने इसे साधारण टीबी समझकर दवाइयाँ पकड़ा दीं। लेकिन दवाइयाँ असर नहीं कर रही थीं, बल्कि हालत और बिगड़ती जा रही थी। जब आखिरकार डॉक्टर ने सीटी स्कैन करवाने को कहा तो पता चला-लच्छू लाल को सिलिकोसिस हो चुका है।

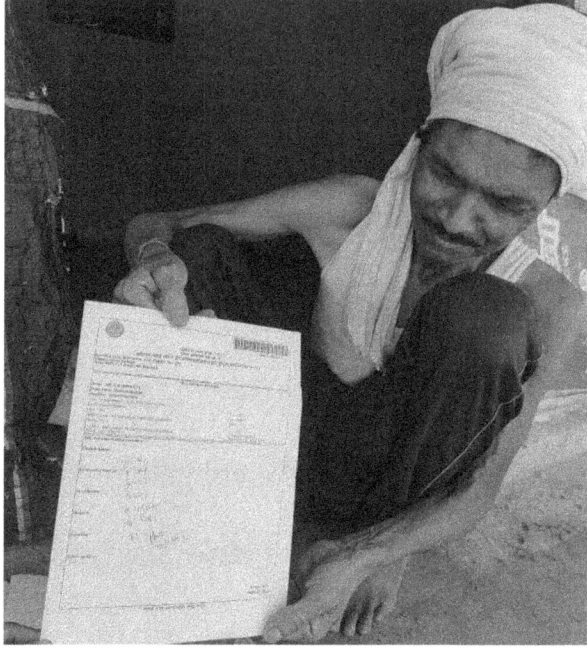

"इलाज का खर्च कहाँ से लाऊं? डॉक्टर कहते हैं कि भोपाल जाकर इलाज कराओ, लेकिन जेब में फूटी कौड़ी भी नहीं। सरकारी अधिकारी कहते हैं कि मुआवजा मरने के बाद मिलेगा। अब मरने का ही इंतजार कर रहा हूँ।" यह कहते हुए उनकी आँखें भर आईं।

त्रासिया की बर्बाद होती दुनिया : पन्ना के गांधी ग्राम की त्रासिया आदिवासी के लिए सिलिकोसिस कोई नई त्रासदी नहीं थी। पहले उसके ससुर बीरन सिंह गए, फिर कुछ सालों बाद पति इमरतलाल भी इस बीमारी की बलि चढ़ गया। उनके पास इलाज के पैसे नहीं थे, इसलिए सिर्फ ससुर की मौत का ही मुआवजा मिला। "सरकार कहती है कि बीमारी के कारण

हुई मौत को कबूल नहीं करेगी, लेकिन हमें तो पता है कि पत्थर की खदानों ने मेरे पति को लील लिया। अब मेरे दोनों बेटे भी वही काम कर रहे हैं।

"जब हमने उनसे पूछा कि क्या उन्हें डर नहीं लगता कि उनके बच्चे भी सिलिकोसिस का शिकार हो सकते हैं ? तो उनकी आँखों में दर्द तैर गया। उन्होंने धीमे स्वर में बुंदेलखंडी लहजे में कहा- "डर तो बहुत है, पर काम नहीं करीहें तो चूल्हों कैसे जरे" भूखे मरने से अच्छा है, जब तक जान है तब तक काम कर लें। "मौत का खुला खेल और सरकारी बेरुखी पन्ना में पत्थर खदानों में काम करने वाले हजारों मजदूरों की उम्र 35 से 45 साल के बीच ही खत्म हो जाती है। उनकी मौत का कोई सरकारी रिकॉर्ड नहीं होता, कोई सही आंकड़ा मौजूद नहीं है। जिनकी मौत सरकारी कागजों में

दर्ज होती भी है, उनमें से भी सिर्फ गिने-चुने परिवारों को ही मुआवजा मिलता है।

समीना यूसुफ, जो सालों से खदान मजदूरों के लिए काम कर रही हैं, कहती हैं, "सरकारी आंकड़ों में अब तक 26 लोगों की मौत इस बीमारी से हुई है, लेकिन जमीनी हकीकत इससे कहीं ज्यादा भयावह है। हमने अपनी आँखों से सैकड़ों लोगों को दम तोड़ते देखा है।" सरकारी अस्पतालों में इस बीमारी का कोई विशेषज्ञ डॉक्टर नहीं है। वहाँ के डॉक्टर भी सिलिकोसिस को टीबी समझकर ही इलाज करते हैं। जिले में 200 से ज्यादा पत्थर खदानें हैं, जिनमें हजारों मजदूर रोजाना काम कर रहे हैं, और उन्हीं पत्थरों की धूल उनके फेफड़ों को धीरे-धीरे खत्म कर रही है।

पत्थरों की धूल में दबती जिंदगियाँ लच्छू लाल की कच्ची मिट्टी की दीवारों वाला घर और त्रासिया की टूटी झोपड़ी, दोनों ही इस बात के गवाह हैं कि पन्ना के हीरों की चमक इनके जीवन में अंधेरा ही लेकर आई है। जब सिलिकोसिस का दर्द असहनीय हो जाता है, तो इन मजदूरों के पास कोई चारा नहीं बचता, सिवाय इंतजार करने के-उस मौत का, जो तय है।

लच्छू लाल का अब सिर्फ एक ही सपना बचा है-"अगर मरना ही है, तो काश इतनी मोहलत मिल जाए कि अपने बच्चों के लिए कुछ कर सकूँ। वो इस खदान में काम न करें, कहीं और अपनी तकदीर बना सकें।"

लेकिन यह सपना भी शायद उन्हीं पत्थरों की धूल में दम तोड़ देगा, जिन पत्थरों को तोड़ते-तोड़ते उनका अपना शरीर भी एक दिन पत्थर जैसा कठोर हो चुका।

# पलायन का दर्द

जंगल की चुप्पी और सहरिया की घुटन भरी टूटी आवाज से शब्द भी कांप उठे तो मैंने मध्य प्रदेश के चंबल अंचल में बसे शिवपुरी, श्योपुर और ग्वालियर जिलों की ओर रुख किया, तब यह महज एक फील्ड रिपोर्टिंग असाइनमेंट था। लेकिन जैसे-जैसे मेरी मुलाकातें आदिवासी अंचलों में रहने वाले इन भोले-भाले आदिवासियों से बढ़ती गईं, वैसे-वैसे यह एक असाइनमेंट नहीं, एक व्यक्तिगत यात्रा बन गई - एक ऐसी यात्रा, जिसमें मुझे जंगलों के भीतर छुपा दर्द दिखा, उनकी आंखों में ठहरी उम्मीद दिखी, जिनका संवाद अब समाज से टूटता जा रहा था। सहरिया जनजाति से मेरी यह पहली नजदीकी नहीं थी। हर गाँव, हर चूल्हा, हर छप्पर मुझे एक ऐसी कहानी सुनाता गया, जो योजनाओं और सत्ता से पोषित भाषणों में दर्ज नहीं होती। गांव, जो अब सिर्फ याद बनता जा रहा है।

श्योपुर के एक छोटे से गाँव टहला में मेरी मुलाकात 45 वर्षीय मौसम आदिवासी नामक व्यक्ति से हुई। एक साधारण आदमी, कमजोर शरीर पर गहरी आँखें। उसने जो पहली बात मुझसे कही, वह मेरे अंदर कहीं ठहर सी गई - उसने बताया कि "हमारे गांव में कुछ नहीं बचा साहब,

सब चले गए और जो बचे हैं, वो जाने की तैयारी में हैं।" उसकी पत्नी और दो बच्चे भी वहीं थे। वे कुछ दिन पहले ही राजस्थान के कोटा से गेहूं की फसल काट कर लौटे थे। मौसम ने बताया कि गाँव में अब खेती से कुछ नहीं होता - न सिंचाई है, न मंडी तक पहुँच। जो कभी जंगल से चलने वाली जीवन-रेखा थी, वह अब पूरी तरह से सूख गई है। "पहले तो दवा-कंद-मूल से जीते थे। उसने दुख के साथ कहा अब जंगल ही नहीं रहा, जो कुछ था वो सरकार के लोग बोल गए कि अब यहां अभयारण्य बन गया है।

मौसम ही नहीं, उसके जैसे कई मौसमों के जिन-जिन परिवारों से मैंने बात की, सबकी एक ही पीड़ा थी - पलायन। गांव अब त्यौहारों और शोक-सभाओं में ही याद आता है। एक बुजुर्ग महिला बिसेसरी बाई ने बताया - "अब घर में दीया भी मुश्किल से जलता है बेटा, बेटे-बहू सब बाहर कमाने चले जाते हैं। बच्चे वहीं शहरों में पलते हैं। हमें तो भगवान भी वहीं मिला, जहाँ रोटी मिली।

जंगल से टूटी रिश्तेदारी और ज्ञान का विसर्जन सहरिया समाज की सबसे अमूल्य धरोहर उनका पारंपरिक ज्ञान था - खासकर वनौषधियों की पहचान और उपयोग। जंगल उनके लिए सिर्फ जीवन नहीं था, बल्कि एक गुरुकुल था।

उनके बुजुर्गों के पास ऐसा ज्ञान था जिसे आधुनिक विज्ञान भी सहेजने में असमर्थ है। शिवपुरी के पोहरी गाँव के प्रदीप आदिवासी ने बताया कि उनके बाबा जंगलों से सफेद मूसली, शतावर, गिलोय, आँवला, हर्रे-बहेड़ा, नागरमोथा जैसी औषधियाँ लाते थे और पास के व्यापारी अच्छे दामों में ले जाते थे। "पर अब ?" - मैंने पूछा। प्रदीप का उत्तर था - "अब तो

व्यापारी कहते हैं, इन चीजों की खेती हो रही है, हमें जंगल वाला माल नहीं चाहिए। और जंगल में भी अब बचा ही क्या है ?

यह केवल बेरोजगारी की बात नहीं थी। यह एक सांस्कृतिक वनस्पति का क्षरण था - एक ऐसी विरासत का टूटना, जो पीढ़ियों से जुड़ी थी। जब मैंने पूछा कि क्या वे यह ज्ञान अपने बच्चों को सिखा रहे हैं, तो उन्होंने चुप्पी साध ली। थोड़ी देर बाद वे बोले, "बच्चे शहर चले गए हैं, उन्हें क्या मतलब जंगल की जड़ी-बूटी से।" शासन की नीतियाँ और संवैधानिक वादे, जो कागज पर रह गए मध्य प्रदेश सरकार ने सहरिया, बैगा और भारिया को 'विशेष पिछड़ी जनजाति' घोषित किया है। इसका उद्देश्य इन्हें समर्पित योजनाओं से सशक्त बनाना था - जैसे पोषण आहार, आर्थिक ऋण योजना, रोजगार प्रशिक्षण, और आवास अधिकार। पर जमीनी हालात इन सलकारी लुभावने वायदों का उल्टा चित्र दिखाते हैं।

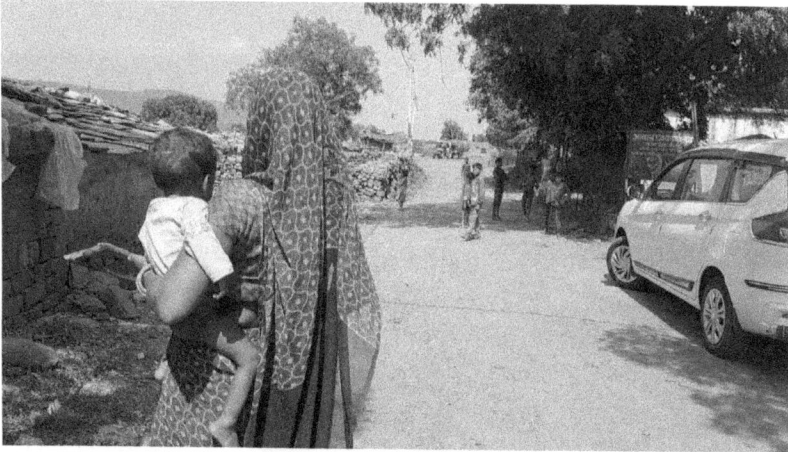

बरकतउल्ला युनिवर्सिटी, भोपाल के समाजशास्त्र विभाग में शोध कर रहे इम्तियाज खान से हुई मेरी बातचीत में उन्होंने बताया कि सहरिया समुदाय भाषा और शिक्षा की बाधाओं के कारण सरकारी योजनाओं से जुड़ ही नहीं पाता। इम्तियाज कहते हैं - "ये लोग अपनी बोलियों में बात करते हैं, और जब स्कूलों में उन्हें हिंदी में शिक्षा मिलती है, तो वे खुद को असहज और हीन महसूस करते हैं। इसीलिए बहुत से बच्चे बीच में ही पढ़ाई छोड़ देते हैं।

संविधान के अनुच्छेद 46 के अनुसार, राज्य का दायित्व है कि वह अनुसूचित जनजातियों की विशेष सुरक्षा करे। लेकिन क्या सरकार ने इन आदिवासियों की भाषा, संस्कृति, औषधीय ज्ञान और जीविका के मूल आधार की रक्षा करने की कोई पहल की ? कुपोषण और स्वास्थ्य संकट - एक चुप्पी, जो चीख-चीख कर आदिवासियों के संघर्ष और संकट की दास्तां बयां कर रही है।

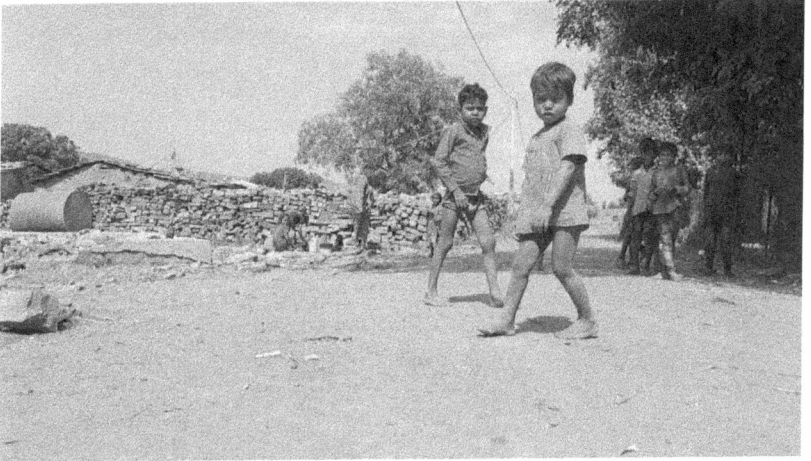

मुझे श्योपुर जिले की एक आंगनवाड़ी में कुछ बच्चों से मिलने का अवसर मिला। वहाँ की आंगनवाड़ी कार्यकर्ता ने बताया कि 3 से 6 साल के अधिकांश बच्चे कम वजन और खून की कमी से जूझ रहे हैं। वहाँ एक बच्ची थी - छोटी सी, जिसका नाम था पिंकी, उम्र करीब 4 साल, पर कद 2 साल के बच्चे जितना। उसकी माँ ने कहा, "दूध तो अब बाजार से ही लेना होता है, जंगल से जो जड़ी लाते थे, उससे पहले भूख भी लगती थी और ताकत भी आती थी। अब वो सब नहीं मिलता।

स्वास्थ्य केंद्रों में डॉक्टर कम, दवाइयां उपलब्ध नहीं और समझदारी तो बिल्कुल नहीं। समुदाय की पारंपरिक चिकित्सा पद्धति को विज्ञान के साथ जोड़ने का कोई प्रयास नहीं हो रहा। राजनीति की सीमाएं और समाज की बेरुखी हर चुनाव से पहले नेताओं के वादों में सहरिया समाज का जिक्र जरूर होता है, लेकिन चुनाव खत्म होते ही ये समाज सिर्फ एक वोटर आईडी कार्ड बनकर रह जाता है।

भोपाल में बैठे नीति-निर्माताओं के लिए वे आंकड़े हैं, पर सच्चाई यह है कि उन्हें संविधान का अनुच्छेद 21 - गरिमापूर्ण जीवन का अधिकार - आज भी उपलब्ध नहीं।

एक समाज, जो मिट रहा है - हमें परवाह नहीं मेरे लिए यह रिपोर्टिंग केवल फील्ड वर्क नहीं रही। यह एक आईना था - जिसमें मैंने देखा कि हम कैसे धीरे-धीरे एक पूरे समाज को उसकी जड़ों से काट रहे हैं। सहरिया समाज की ये कहानियाँ केवल अतीत का शोकगीत नहीं हैं, बल्कि यह हमारे संविधान की विफलता की गवाही हैं। जंगल अब मौन है, गाँव अब खाली है, औषधियाँ अब जड़ों से उखड़ चुकी हैं और जो कुछ बचा है, वह है - एक टूटता हुआ समाज। जिसकी पुकार अब संविधान के मूल्यों तक पहुँच नहीं पा रही।

# पथरीली जमीन पर बिखरे सपने

14 अगस्त 2022 की रात मुझे अब भी बखूबी याद है। भोपाल में एक साथी रिपोर्टर ने फोन पर जानकारी दी- "धार जिले में डेम फट गया है, कई गाँवों में पानी भर गया है।" शुरुआती खबरों में मौत की बात नहीं थी, लेकिन जमीन और आजीविका की तबाही की आशंका जरूर थी। यह सिर्फ खबर नहीं थी, बल्कि वह दर्द था, जो सालों तक इन किसानों की जिंदगी में घुलने वाला था।

इस तबाही के दो साल बाद मैं धार के भांडाखो गाँव पहुँचा, तो दूर से ही बदहाली नजर आने लगी। सूख चुके पानी के निशान दीवारों पर थे, खेतों में मिट्टी की जगह पत्थर नजर आ रहे थे और कई घर अब भी खाली पड़े थे। हर चेहरे पर खामोशी थी और हर आँख में एक ही सवाल- "क्या हमें हमारी जमीन वापस मिलेगी" ये खेत इन किसानों की रोजी-रोटी का आधार थे। वही खेत अब पथरीले मैदान में बदल चुके थे, जिनसे अब कुछ भी नहीं उपजता।

भांडाखो गांव से गुजरते हुए मेरी मुलाकात कांति भील नामक महिला से हुई जो अपने घर के आँगन में तीन बच्चों के साथ बैठी थी। चेहरे

पर थकावट, आँखों में चिंता और होंठों पर शिकायतें ही नहीं, पीड़ा भी थी। उसने बताया- "हमारे 8 बीघा खेत अब पत्थर बन गए हैं। पहले वहाँ कपास और मक्का लहलहाते थे, अब कुछ नहीं उगता। मिट्टी बह गई है। सरकार ने केवल तीन हजार रुपये का मुआवजा दिया, उससे क्या होगा? अब तो ईंट-गारा ढोकर पेट पाल रहे हैं।"

उसकी बात सुनते हुए मैं उसके बच्चों की तरफ देखने लगा- नंगे पैर, गंदे कपड़े, पर खिलते हुए मासूम चेहरे। वे अब भी नहीं समझ पा रहे थे कि उनके माँ-बाप के सपने उनके पैरों के नीचे की मिट्टी के साथ बह गए हैं।

कांति के पति शिवम अब मजदूरी करते हैं। उन्होंने कहा- "डेम से हमें सिंचाई के सपने थे। कभी सोचा नहीं था कि वही पानी सब कुछ बहा ले जाएगा। अब खेतों में सिर्फ पत्थर बचे हैं। न हल चल सकता है, न बीज

बोया जा सकता है। सरकार से कहा कि हमारी जमीन उपजाऊ बना दो, लेकिन सुनवाई नहीं हुई।"

आगे बढ़ा, तो गांव के एक और किसान मुकेश आदिवासी से मुलाकात हुई। उन्होंने मुझे अपनी जमीन पर ले जाकर दिखाया- "देखिए, ये रही मेरी 10 बीघा जमीन। पहले यहाँ कपास की सफेदी बादल की तरह छा जाती थी, अब सिर्फ चट्टानें हैं। सरकार के लोग आए थे, फोटो लिए, लेकिन काम कुछ नहीं हुआ। सिर्फ पांच हजार रुपये मुआवजा मिला, उससे हम क्या करें ?" वे मुझे एक पत्थर दिखाते हुए बोले- "अब यही हमारी जिंदगी है, सख्त, बेरुखी और बंजर।"

मेरे लिए ये बातें केवल शब्द नहीं थीं, ये उन किसानों की चीखें थीं जो प्रशासन के गलियारों तक पहुँच ही नहीं पा रहीं थीं। मैं जानता था कि इस त्रासदी का असर सिर्फ खेती तक सीमित नहीं था। यहाँ के लोग, जिनकी पीढ़ियाँ खेतों से जुड़ी थीं, अब मजदूरी करने को मजबूर थे। स्कूल के बच्चों की पढ़ाई छूट गई थी, कुछ परिवार दूसरे गांवों में पलायन कर गए थे और जो बचे थे, वे हर रोज यह सोचकर जी रहे थे कि शायद कल कोई अधिकारी आए और उनकी जमीन फिर से उपजाऊ बना दे।

सरकारी दौरे भी हुए थे। 15 अगस्त 2022 को जल संसाधन मंत्री तुलसी सिलावट और उद्योग मंत्री राज्यवर्धन सिंह दत्तीगांव प्रभावित क्षेत्रों में पहुँचे थे। उन्होंने जनता से वादा किया था- "सरकार किसानों के साथ है। उनकी जमीन को फिर से उपजाऊ बनाया जाएगा और मुआवजा दिया

जाएगा।" लेकिन तीन साल बीत गए न तो जमीन में हरियाली लौटी, न ही किसानों की जिंदगी में।

धरमपुरी के पूर्व विधायक पांचीलाल मेड़ा ने मुझसे बातचीत में गंभीर आरोप लगाए। उन्होंने कहा- "डेम 300 करोड़ रुपये की लागत से बना था, लेकिन भारी भ्रष्टाचार हुआ। घटिया निर्माण के कारण ही यह हादसा हुआ और सरकार ने ठेकेदारों को बचा लिया। किसानों को न्याय नहीं मिला, यह प्रशासनिक विफलता का जीता-जागता उदाहरण है!"

मेड़ा की बातें सुनकर मैंने धार जिला प्रशासन से संपर्क किया। वहाँ के कलेक्टर प्रियंक मिश्रा से मेरी बात हुई। उन्होंने कहा, "फिलहाल इस विशेष मामले की जानकारी नहीं है, आपने अवगत कराया है, हम जाँच के निर्देश देंगे।" यह जवाब एक औपचारिक प्रक्रिया की तरह लगा, जिसमें

पीड़ा से ज्यादा फॉर्मेलिटी झलक रही थी। लेकिन एक पत्रकार होने के नाते, मेरा कर्तव्य है कि सवाल पूछता रहूं, जब तक जवाब न मिले।

डेम टूटने की इस घटना ने धार जिले के लगभग 100 से 150 गांवों को प्रभावित किया। जिनके पास सैकड़ों बीघा जमीन थी, वे अब खेतों की ओर देखने से भी कतराते हैं। वे जानते हैं कि उस धरती से अब कुछ भी उपजने वाला नहीं है। मेरे मन में सवाल उठ रहा था- अगर यह कोई शहरी इलाका होता, तो क्या सरकार की प्रतिक्रिया इतनी धीमी होती ?

किसानों का कहना है कि अगर सरकार जल्द से जल्द उनके खेतों को उपजाऊ नहीं बनाती, तो उन्हें यहाँ से पलायन करना पड़ेगा। कई परिवार पहले ही महाराष्ट्र, गुजरात और इंदौर जैसे शहरों की ओर पलायन कर चुके हैं। वहाँ भी उन्हें मेहनताना ठीक नहीं मिलता, लेकिन यहाँ तो कोई उम्मीद भी बाकी नहीं।

एक रिपोर्टर के रूप में मैंने ऐसे कई हादसे देखे हैं, लेकिन कारम डेम जैसी त्रासदी बहुत कुछ सिखा गई। यह सिर्फ एक तकनीकी चूक या प्राकृतिक आपदा नहीं थी, बल्कि यह एक प्रशासनिक लापरवाही, राजनीतिक बेरुखी और संवेदनहीन विकास की तस्वीर थी। जिस विकास की बात सरकारें करती हैं, वह अगर जमीन को बंजर कर दे, तो वह कैसा विकास है ?

यह लिखते हुए मैं बार-बार कांति, शिवम और मुकेश के चेहरे याद कर रहा हूँ। वे सिर्फ किसान नहीं हैं, वे हमारी जमीन के सच्चे रखवाले हैं।

अगर उनके खेत पथरीले हो गए, तो हमारी सभ्यता की जड़ें भी कब तक बची रहेंगी ?

मेरी डायरी के आखिरी पन्ने पर सिर्फ एक सवाल दर्ज है - क्या इन आदिवासी किसानों की पुकार कभी प्रधानमंत्री या मुख्यमंत्री के कानों तक पहुँचेगी ? या फिर ये आवाजें भी मिट्टी की तरह ही बह जाएंगी ...?

# अध्याय सप्तम

# आंकड़ों की जीत या जमीनी हार

जब देशभर में नीति आयोग के ताजा आंकड़ों की गूंज थी - "भारत ने 9 साल में 25 करोड़ लोगों को गरीबी से बाहर निकाला" तो मेरे मन में पहला सवाल यही उठा - क्या अलीराजपुर जिला, जो 2021 की रिपोर्ट में देश का सबसे गरीब जिला बताया गया था, क्या अब वाकई गरीबी से बाहर आ चुका है ? क्या अब वहां के बच्चों के चेहरों पर भूख नहीं, उम्मीद की मुस्कान है ? या फिर ये सब महज चमकते अखबारों की खबरें और चमचमाते प्रेजेंटेशन का हिस्सा है ?

दिल्ली में नीति आयोग ने बड़े मंच से यह घोषणा की थी। रिपोर्ट में कहा गया कि मध्यप्रदेश जैसे राज्य में 2.30 करोड़ लोग गरीबी से बाहर आ चुके हैं। देश में उत्तर प्रदेश, बिहार के बाद मध्य प्रदेश को गरीबी खत्म करने में सबसे अव्वल राज्य बताया गया। मुझे लगा, अब तो अलीराजपुर के हालात बेहतर हो गए होंगे। मगर एक रिपोर्टर के तौर पर मेरा विश्वास केवल आंकड़ों पर नहीं था - मैं जानता था कि जमीन पर चलती जिंदगी की सच्चाई आंकड़ों से कई बार अलग होती है।

मैं फिर अलीराजपुर पहुँचा - वही जिला जहां मैंने कभी भूख से जूझते बच्चों को, बीमार बूढ़ों को और सरकारी योजनाओं के इंतजार में थके चेहरों को देखा था। जिले के ग्रामीण इलाकों की पगडंडियों पर चलते हुए मेरे साथ मेरे मन में सवाल चल रहे थे कि क्या इन पगडंडियों पर अब सड़कें बन गई हैं ? क्या इन झोपड़ियों की जगह अब पक्के घर हैं ? लेकिन स्थिति

साफ तौर पर बयां कर रही थी यहां कुछ नहीं बदला, हालात वैसे ही बदतर है जैसे पहले थे।

ककराना गांव पहुंचते ही मेरी मुलाकात मीरा नाम की महिला से हुई। लगभग 45 साल की यह आदिवासी महिला अपने कच्चे घर के सामने बैठी थी। मिट्टी का आँगन, बगल में दो बच्चे और अंदर बीमार पति। मैंने पूछा, "मैया, अब तो सरकारी मदद से कुछ राहत मिली होगी?" वह फीकी हँसी हँसती है, "भैया, पेट तो आज भी खाली ही रह जाता है, बस नाम बदल गया है - कभी अंत्योदय तो कभी कोई और योजना।" हांलाकि उन्हे योजनाओं के नाम ठीक से पता तक नही थे।

मीरा बाई के घर में न रसोई गैस थी, न शौचालय। खाना अब भी लकड़ी के चूल्हे पर बनता है। वह बताती है, "गैस मिली थी एक बार, लेकिन दोबारा रीफिल कराने के पैसे नहीं थे। अब चूल्हा ही ठीक है।" मेरे पास उस जवाब के लिए कोई तर्क नहीं था। मुझे याद आया कि नीति आयोग की रिपोर्ट कहती है कि रसोई गैस अब ज्यादातर घरों में है।

मैंने अलीराजपुर के कलेक्टर डॉ. अभय अरविंद बेडेकर से बात की। मैंने पूछा - क्या आपको नीति आयोग की इस बहुचर्चित रिपोर्ट की जानकारी है ? उनका जवाब था, "मुझे मल्टी डायमेंशनल पॉवर्टी इन इंडिया पेपर की कोई जानकारी नहीं है।" भारत के सबसे गरीब जिले के कलेक्टर का यह जवाब सिर्फ प्रशासनिक चूक नहीं था, बल्कि यह उस गहराई को दिखाता है, जो सरकार और जनता के बीच हर दिन और गहरी होती जा रही है।

उस दिन मैं उमराली, छोटा उदेपुर और बखतगढ़ जैसे गांवों में गया। हर गांव में एक जैसी तस्वीर - अधूरी योजनाएं, अपूर्ण और असहज जिंदगी और अंतहीन इंतजार। गांव के स्कूलों में बच्चे थे, लेकिन शिक्षक नहीं। जो शिक्षक थे भी, वे कहते हैं, "हम खुद अपनी जेब से खड़िया और स्लेट लाते हैं। सरकार कहती है सब बदल गया, मगर हमारे पास तो खिड़की तक नहीं है।"

एक सात साल का बच्चा मेरे पास आया। मैंने उससे पूछा, "स्कूल कैसा लगता है?" उसने कहा, "अच्छा लगता है, पर मम्मी कहती है खेत चलो, स्कूल बाद में भी जा सकते हैं।" उसकी आंखों में वो डर था, जो भूख से भी बड़ा था-भविष्य का डर। यह वो डर है, जिसे बेहतर पाने की उम्र, जो उस बच्चे की नहीं थी।

नीति आयोग की रिपोर्ट कहती है कि भारत में गरीबी को 12 मानकों पर आंका गया है - पोषण, बाल मृत्यु, स्कूली शिक्षा, उपस्थिति, रसोई गैस, शौचालय, पीने का पानी, बिजली, आवास, बैंक खाता, संपत्ति और खाना। मैंने इन 12 मानकों के मापदंड को हाथ में लेकर गांवों में देखा - मीरा बाई का परिवार सिर्फ 3 मापदंडों पर ही खरा उतरता था। बाकी सभी में वंचित। यही हाल आसपास के अन्य परिवारों का था।

भारत सरकार के स्वच्छ भारत मिशन के तहत शौचालय बनाने की बात की जाती है। मगर गांव की महिलाएं अब भी सूरज ढलने और शाम धुंधली होने का इंतजार करती हैं - उनके लिए जंगल जाना ही विकल्प है। पोषण के आंकड़े देशभर में सुधरने की बात कहते हैं, मगर एक 4 साल की बच्ची कुपोषित है। उसकी माँ को पता नहीं कि टीकाकरण कब होता है।

सरकारी रिकॉर्ड में वह "पोषित" मानी जाती है। उस बच्ची को देखकर ये साफ पता चल रहा था।

प्रश्न यह नहीं है कि नीति आयोग की रिपोर्ट झूठी है। प्रश्न यह है कि क्या यह सच्चाई को पूरी तरह दर्शा पाती है ? क्या इसमें आदिवासी भारत की तस्वीर भी शामिल है? क्या इन आंकड़ों में अलीराजपुर की माटी की आवाज भी है?

गांव में एक अधूरा मकान देखा- पीएम आवास योजना के तहत पहली किस्त में दीवारें बनीं, मगर दूसरी किस्त नहीं आई, बारिश में पूरा घर भीग जाता है। फिर भी सरकारी आंकड़े उसे "पक्का मकान प्राप्त लाभार्थी" की सूची में दर्ज करते हैं।

नीति आयोग की रिपोर्ट कहती है कि अगर गरीबी में यही गिरावट दर जारी रही, तो 2030 तक भारत बहुआयामी गरीबी को आधा कर देगा। मगर उस कुपोषित बच्ची को देखकर ऐसा नहीं लगता कि उसके लिए 2030 तक इंतजार संभव होगा। भूख के आगे समय के लक्ष्य हमेशा हारते हैं।

दिल्ली में रिपोर्ट जारी हुई, जिसमें केरल, तमिलनाडु जैसे राज्यों की सराहना हुई - वहाँ गरीबी दर सबसे कम है। मगर मध्य प्रदेश, खासकर अलीराजपुर, अभी भी 15 प्रतिशत से ज्यादा गरीबी के आंकड़ों में शुमार है। फिर कैसे मान लें कि यहाँ जिंदगी बदल गई है?

गाँव में जब बच्चों से पूछा कि कितने समय से स्कूल नहीं गए तो किसी ने कहा एक महीना, किसी ने कहा - "जबसे बरसात आई तब से।"

पता चला जर्जर स्कूल भवन की छत ही टपकती है और शिक्षक आने में कतराते हैं।

मेरी आंखों के सामने वो सच्ची तस्वीर झलक रही थी जिसे न कोई ग्राफ दिखा सकता था, न कोई रिपोर्ट। यह भूख का चेहरा था, यह अधूरी योजनाओं की खामोशी थी, यह उस भारत की तस्वीर थी जिसे आंकड़ों में फिट नहीं किया जा सकता।

जब मैं लौट रहा था तो गाँव की एक बुजुर्ग महिला ने मेरा हाथ पकड़कर कहा - "बेटा, तुमने हमारी बात सुनी। कभी फिर आना, हमारी माटी पर।" उसकी आंखों में धन्यवाद नहीं, एक उम्मीद थी, गरीबी में जूझते हुए भी अतिथि के सम्मान का ख्याल था, बिन कहे झट से लोटे में मटके का ठंडा पानी ले आईं, जिसे पीकर मैं भी आत्ममुग्ध हो गया।

हो सकता है नीति आयोग की रिपोर्ट अपने स्थान पर ठीक हो - मगर जब तक अलीराजपुर के खेतों में, नदी किनारों की फलियों में भूखे बच्चे खेलते हैं, तब तक वहाँ की बेटियां स्कूल छोड़ खेतों में काम करती हैं। जब तक वहाँ के कलेक्टर को ही रिपोर्ट की खबर नहीं होती-तब तक यह दावा अधूरा है।

गरीबी सिर्फ आर्थिक ही नहीं, विकल्पों की कमी भी होती है। अलीराजपुर आज भी विकल्पों से वंचित है।

# जमीन के लिए 13 वर्षों का अधूरा संघर्ष

मध्य प्रदेश के सीहोर जिले के होड़ा गांव की 70 वर्षीय आदिवासी महिला सुमन बाई की बयां दास्तान केवल एक महिला का संघर्ष नहीं है, बल्कि यह देश के हजारों-लाखों आदिवासियों के जल-जंगल-जमीन, सम्मान और न्याय के लिए लड़ाई की सच्ची तस्वीर है। वह महिला जिसने 13 साल पहले सरकारी योजना के तहत कृषि भूमि का पट्टा तो हासिल कर लिया था, लेकिन आज तक अपनी ही जमीन पर कब्जा नहीं कर पाई है। यह दास्तान है न्याय की, आस और इंतजार की, दर्द भरी पीड़ा की।

सीहोर की सुमन बाई का परिवार वर्षों तक भूमिहीन रहा। खेत की कमी के कारण परिवार का गुजारा मुश्किल से होता था। उनके इलाके में भूमि वितरण की सरकारी योजना के तहत वर्ष 2010-11 में उन्हें लगभग डेढ़ हेक्टेयर (1-272 हेक्टेयर) की कृषि भूमि का पट्टा मिला। पट्टे का क्रमांक 937923 और खसरा नंबर 44/6 था। यह जमीन उनके ही गांव होड़ा में थी। पट्टा मिलने के समय सुमन बाई के परिवार में खुशी का ठिकाना नहीं था। उम्मीद थी कि अब खेती-किसानी कर वे अपने बच्चों का पेट पाल

पाएंगे, बेहतर जीवन जी पाएंगे। लेकिन नियति ने फिर उनका साथ नहीं दिया। पट्टा मिलने के बाद की खबरों ने जैसे ठगी कर दी। जमीन, जो अब उनके नाम पर थी, उसी दिन से किसी प्रभावशाली व्यक्ति के कब्जे में चली गई। वह कोई ऐसा व्यक्ति था, जिसके खिलाफ स्थानीय प्रशासन भी खड़ा नहीं हो पाया। सुमन बाई और उनके परिवार के लोगों ने बार-बार अपनी जमीन को वापस पाने की कोशिश की, लेकिन वे हर बार खाली हाथ लौटे। जमीन की मेढ़ों पर कभी हल नहीं चला, फसलें नहीं उगीं और खेती के सपने अधूरे रह गए।

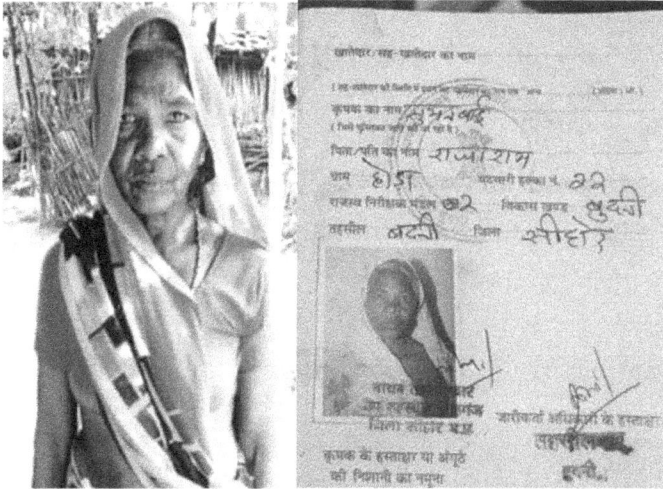

कृषक का नाम सुमन बाई
पिता/पति का नाम राजाराम
तहसील बुदनी
जिला सीहोर

जमीन पर कब्जा हटाने के लिए सुमन बाई ने तहसील से लेकर जिला मुख्यालय तक कई बार अधिकारियों के चक्कर लगाए। उन्होंने पटवारी, तहसीलदार और एसडीएम के पास शिकायतें दर्ज कराईं। दो बार सीमांकन के लिए आवेदन भी किया। इसके अलावा उन्होंने कई बार लिखित प्रार्थना पत्र अधिकारियों को सौंपे, राजस्व विभाग को ज्ञापन दिए,

लेकिन कोई प्रभावी और दिखाई देने वाली कार्रवाई नहीं हुई। हर बार उन्हें आश्वासन मिला, पर जमीन पर कब्जा नहीं हट पाया।

कई बार तहसीलदार कार्यालय में उनके सामने प्रभावशाली व्यक्ति भी आकर अधिकारी से बात करता। कई बार उन्होंने महसूस किया कि अधिकारी भी दबाव में हैं, इसलिए उनकी शिकायतों को दबा दिया जाता है। उन्होंने बताया, एक कर्मचारी ने उन्हें कहा- अम्मा, अब ये सब छोड़ो, ये जमीन तो किसी बड़े की है।"

70 वर्ष की उम्र में भी सुमन बाई के चेहरे पर संघर्ष की झुर्रियां साफ दिखती हैं। उनका कहना है, "हमने अपनी जमीन के लिए सरकार से पट्टा लिया पर अब तक उस पर कब्जा नहीं मिला। खेती न कर पाने की वजह से हमारा परिवार गरीबी की दहलीज पर है।" वे अपना दर्द छुपाते हुए कहती हैं कि अगर खेत मिल जाए तो वे फसल उगा कर अपने बच्चों के लिए कम से कम भोजन की व्यवस्था कर सकें।

उनकी जुबान पर एक ही सवाल उठता है कि आखिर सरकार के पास जमीन है, पट्टा है, कानून भी है, फिर भी हम जैसे गरीब आदिवासियों की जमीन पर कब्जा क्यों नहीं हटता ? क्या उनकी तकलीफों को कोई समझता है ?

भारत का संविधान आदिवासियों के अधिकारों की रक्षा करता है। अनुच्छेद 46 के तहत सरकार की जिम्मेदारी है कि अनुसूचित जनजातियों के लिए सामाजिक-आर्थिक विकास के उपाय किए जाएं। पंचायत

(अनुसूचित क्षेत्रों तक विस्तार) अधिनियम 1996 (PESA) भी आदिवासियों को उनकी भूमि के अधिकार देने का प्रावधान करता है।

लेकिन जब एक बुजुर्ग महिला 13 वर्षों तक संघर्ष के बाद सरकारी सहायता से मिली जमीन पर कब्जा नहीं पा सकती, तो सवाल उठता है कि इन कानूनों और संवैधानिक प्रावधानों का क्या अर्थ रह जाता है ?

सुमन बाई खुद अपने अधिकारों से अनजान हैं। जब मैंने उनसे पूछा कि क्या उन्हें अपने अधिकारों और कानूनी प्रक्रिया की समझ है, तो वे बोलीं, "हम तो बस यही जानते हैं कि जमीन हमारी है, जिसे हमें खेती के लिए चाहिए। कानून-फरमान समझना हमसे मुश्किल है।" उनके लिए जमीनी हकीकत कठिन है और कागजों के दफ्तर की भाषा दूर की कौड़ी।

जब मैंने इस मुद्दे पर बुधनी के एसडीएम राधेश्याम बघेल से बात की, तो उन्होंने कहा कि शिकायत मिलते ही राजस्व विभाग की टीम को भेजकर जमीन की पहचान कराई गई और समस्या का समाधान कर दिया गया। पर जमीनी हकीकत कुछ और ही कहती है। जब मैंने सुमन बाई के खेत का दौरा किया, तो वहाँ अब भी कोई प्रभावशाली व्यक्ति खेती कर रहा था। खेत के किनारे न तो सीमांकन का बोर्ड था न ही कोई अन्य निशान। ये बात प्रमाणित कर रही थी कि प्रशासन के बयान के विपरीत जमीन पर कब्जा हटाना अभी भी दूर की कौड़ी है।

यह मामला केवल सुमन बाई का संघर्ष नहीं है। यह उस बड़े मुद्दे की झलक है, जहाँ आदिवासी जैसे कमजोर और असहाय समुदाय के लोगों की जमीन पर प्रभावशाली लोगों का कब्जा है। स्थानीय प्रशासन भी या तो

दबाव में रहता है या अनदेखी करता है। नतीजतन सरकार की तरफ से दी गई भूमि योजनाएं और पट्टे केवल कागजों तक सीमित रह जाती हैं।

दबंग और प्रभावशाली व्यक्ति ने जमीन कब्जा कर ली और प्रशासन ने उनके विरुद्ध प्रभावी कार्रवाई नहीं की। आदिवासी परिवार को अपने अधिकारों के लिए लगातार लड़ना पड़ रहा है, जबकि प्रशासन शिकायतों को टालता रहता है।

इस मामले पर काम करते हुए मुझे बार-बार आदिवासियों की मूक पीड़ा महसूस हुई। वे कितनी सरलता से अपने हक के लिए संघर्ष करते हैं और कितनी बेरुखी से उन्हें ठुकरा दिया जाता है। सुमन बाई की आंखों में वे सपने थे, जो कर्ज और कब्जे के बोझ तले दब गए।

मुझे यह भी एहसास हुआ कि सरकारी योजनाओं और कानूनों का ठीक प्रकार से क्रियान्वयन न होना, भ्रष्टाचार और दबाव के कारण होता है। स्थानीय अधिकारी भी दबाव में रहकर कमजोरों के हक के खिलाफ काम करते हैं। ऐसे में जमीनी हक की लड़ाई लड़ना आदिवासियों के लिए आसान नहीं।

सुमन बाई की दास्तान हमें यह याद दिलाती है कि आज भी हमारी व्यवस्थाएं आदिवासियों के हितों से कितनी दूर है। सरकारी घोषणाओं और पट्टों के पीछे उनकी वास्तविक जरूरतें निरंतर छुपी हुई हैं। 13 सालों से एक बुजुर्ग महिला की जमीन पर कब्जा न हटना हमारे समाज की बड़ी बेवश विडंबना है। यह दास्तां केवल सुमन बाई की नहीं, बल्कि उन सभी आदिवासियों की है, जिन्हें न्याय नहीं मिला। हमारा दायित्व है हमें उनकी

आवाज बनकर सरकार और प्रशासन से आग्रह करना होगा कि वे इनके हकों की रक्षा करें। तभी हम संविधान का सम्मान और उसके आदर्शों को साकार कर पाएंगे।

# हमें नौकरी नहीं, ठगी मिली...

पिछले साल की एक दोपहरी का समय, जब मैं मध्यप्रदेश के आदिवासी जिलों में युवाओं के रोजगार को लेकर एक रिपोर्ट तैयार कर रहा था, अनूपपुर जिले के एक छोटे से गाँव में मेरी मुलाकात चंद्रकला धुर्वे से हुई। समाजशास्त्र में स्नातकोत्तर चंद्रकला के चेहरे पर आत्मविश्वास था, लेकिन आँखों में एक गहरी थकान और टूटी हुई उम्मीदें साफ झलक रही थीं।

हम गांव के एक नीम के पेड़ के नीचे चबूतरे पर बैठे थे, जब उसने अपना बैग खोला और धीरे-धीरे अपना नियुक्ति पत्र, आईडी कार्ड और अधूरी सैलरी स्लिप मेरी ओर बढ़ा दी। वह धीरे से बोली- "साहब, हमसे कहा गया था कि हमें नौकरी मिलेगी, हम गाँव-गाँव जाकर लोगों की मदद करेंगे, लेकिन हमसे बस काम लिया गया और फिर एक दिन कहा गया- अब तुम जा सकती हो।"

चंद्रकला की बातों ने मुझे बेचैन कर दिया। मैं एक रिपोर्टर हूँ, कई दर्द सुने हैं, लेकिन यह कुछ अलग था-यह उस भरोसे के टूटने की दर्द भरी व्यथा थी, जो भारत के सबसे वंचित वर्ग की लड़कियों ने एक एनजीओ पर

कार्य किया था। यह वह दर्द था जो सिर्फ तनख्वाह न मिलने से नहीं, बल्कि आत्मसम्मान को ठेस पहुंचने से उपजा था और यह सिर्फ चंद्रकला की ही नहीं, बल्कि दर्जनों आदिवासी लड़कियों की व्यथा थी, जिन्हें "दिव्य ज्योति सोशल डेवलपमेंट सेंटर" नामक एक संस्था ने जन स्वास्थ्य सहयोगी पद पर नियुक्त कर उनसे काम लिया था।

वर्ष 2022 में मध्यप्रदेश सरकार और केंद्र सरकार की एक साझेदारी परियोजना के तहत टीबी उन्मूलन कार्यक्रम शुरू किया गया था। इस योजना में एनजीओ को स्वास्थ्य विभाग के साथ मिलकर आदिवासी क्षेत्रों में काम करने की जिम्मेदारी दी गई थी। डिंडोरी, शहडोल, उमरिया, अनूपपुर, खरगोन जैसे जिलों में आदिवासी युवाओं की नियुक्ति की गई। एनजीओ ने गांव-गांव जाकर टीबी मरीजों के सैंपल इकट्ठा करने, जागरूकता फैलाने और रिपोर्टिंग करने का जिम्मा सौंपा। लड़कियों से वादा किया गया कि हर महीने 15 हजार रुपए का वेतन मिलेगा, प्रशिक्षण और पहचान भी मिलेगी।

शुरुआत में सब कुछ सामान्य था। चंद्रकला और उसकी साथी इंद्रवती गौंड, कविता उइके, सीमा कोल, अनीता मसराम-सबको अपने गाँवों में काम मिला। वे रोज सुबह उठकर पैदल गाँव-गाँव जातीं, सैंपल इकठ्ठा करतीं, डेटा फॉर्म भरतीं और समय पर अपनी रिपोर्ट संबंधित को देतीं। लेकिन कुछ महीनों बाद अचानक तनख्वाह में कटौती शुरू हो गई। पहले तीन हजार कम मिले, फिर पांच, और अंत में सैलरी आना ही बंद हो गई।

जब चंद्रकला ने राजधानी में बैठे एनजीओ के डायरेक्टर अनिल शर्मा से फोन पर बात की, तो उन्हें भोपाल बुला लिया गया। कहा गया कि "अब आपको हेड ऑफिस में काम मिलेगा।" भोले मन से, पूरे भरोसे के साथ, चंद्रकला सारा सामान लेकर भोपाल पहुँची। घर से सैकडों किलोमीटर दूर, नया शहर, अजनवी लोगों के बीच रोजगार की तलाश में। लेकिन वहाँ न कोई काम मिला, न कोई मदद। तीन महीने की तनख्वाह रोक दी गई और उसे बिना कारण ऑफिस से बैरंग लौटा दिया गया।

इस अपमान से वह टूट गई थी। अनूपपुर लौटकर चंद्रकला ने कोतवाली थाने में शिकायत दर्ज करवाई। उन्होंने सोच लिया था कि अब वह चुप नहीं रहेंगी। लेकिन सिस्टम की दीवारें इतनी मजबूत थीं कि उनकी आवाज कहीं गुम हो गई। कोई एफआईआर नहीं हुई, कोई पूछताछ नहीं हुई। यह कहानी सिर्फ चंद्रकला की नहीं थी। इंद्रवती गौंड की व्यथा भी कुछ ऐसी ही थी। उन्होंने अप्रैल 2022 में काम शुरू किया था। अगस्त की तनख्वाह पूरी नहीं मिली। इसके अलावा तीन महीनों तक हर महीने दो से चार हजार की कटौती की गई। जब उन्होंने विरोध किया, तो एनजीओ के अधिकारी फोन पर गाली देने लगे। "हमें नौकरी से निकाल दिया गया, जैसे हम कोई कागज के टुकड़े हों," इंद्रवती बोलीं और फिर चुप हो गईं।

पत्रकार होने के नाते दोनो को सुनना जरुरी था, इसलिए मैंने कई बार एनजीओ के डायरेक्टर अनिल शर्मा को फोन किया, लेकिन उन्होंने फोन तक उठाना जरूरी नहीं समझा। मैंने जनजाति कल्याण विभाग के अधिकारियों से बात करनी चाही, लेकिन वहां भी चुप्पी थी। यह वो सन्नाटा था, जो सिस्टम की सहमति से बनता है!

मैंने जब इन पीड़िताओं से पूछा कि क्या उन्हें अंदाजा था कि ऐसा कुछ होगा, तो उन्होंने कहा- "नहीं साहब, हमें लगा था कि सरकारी परियोजना है, ईमानदारी से काम करेंगे और हमारे घर की स्थिति सुधरेगी। हमने अपने माँ-बाप से कहा था कि अब घर का खर्चा हम संभालेंगे।" इन शब्दों में सिर्फ उम्मीद नहीं थी, बल्कि एक स्वाभिमान भी था। लेकिन उस स्वाभिमान को एक एनजीओ ने कुचल दिया।

यह रिपोर्टिंग मेरे लिए सिर्फ पत्रकारिता नहीं थी। यह एक आत्ममंथन था-क्या हम सच में वंचित वर्गों के लिए काम कर रहे हैं या बस उनकी पीड़ा से रिपोर्ट तैयार कर वाहवाही बटोरना जानते हैं ? उनकी बातों ने मुझे सोचने पर मजबूर कर दिया। सरकारें विकास के नाम पर योजनाएं बनाती हैं, एनजीओ जमीन पर काम करने के नाम पर करोड़ों के बजट लेते हैं, लेकिन अंत में नुकसान सिर्फ आदिवासी को ही होता है-कभी विस्थापन के नाम पर, कभी नौकरी के नाम पर तो कभी भोलेपन के नाम पर।

जब मैं भोपाल लौटा, तो मेरी जेब में कुछ रजिस्टर की कॉपियाँ, कैमरे में दर्ज तस्वीरें और दर्जनों ऑडियो रिकॉर्डिंग थीं। लेकिन दिल में जो दर्ज समाया हुआ था, वह था चंद्रकला का यह वाक्य- "हमें नौकरी नहीं मिली साहब, बस हमें इस्तेमाल किया गया।" शायद यही सवाल भारत के हर उस कोने से उठ रहा है, जहाँ आदिवासी बेटियाँ नौकरी के नाम पर ठगी जाती हैं- बिना किसी सुनवाई, बिना किसी न्याय के।

# अध्याय अष्टम्

# मिट्टी की चीख और शोभारानी की आँखें

~~~~~~~~~~~~~~~~~~

वो दिन अब भी मेरी स्मृतियों में ताजा है, जब हम जून की चिलचिलाती धूप में पन्ना के एक छोटे से गाँव गहदरा की ओर बढ़ रहे थे। रास्ता कहीं से भी रास्ता नजर नहीं आता था। धूलभरी कच्ची पगडंडियाँ, जो पत्थरों और सूखी मिट्टी से भरी थीं। रास्ते में कोई दिशा सूचक नहीं था, लेकिन हमारे साथ चल रहे स्थानीय पत्रकार साथी ंअजीत खरे ने इशारा करते हुए कहा-वो देखिए, उस पार गहदरा है।

हमारे कैमरे और डायरी से ज्यादा काम वहाँ हमारी संवेदना और धैर्य का था। दूर कहीं एक सूखी पहाड़ी पर छांव में एक बूढ़ी औरत बैठी थी। उसके पास पहुंचते ही उसने मुस्कुराने की कोशिश की, पर वो मुस्कान भी जैसे धूल और दुःख से ढँक गई थी। उसका नाम था शोभारानी-गहदरा की सबसे बुजुर्ग महिलाओं में से एक। जब हमने पूछा कि उन्हें कैसा लग रहा है, तो वो कुछ पल चुप रहीं, फिर उन्होंने कहना शुरू किया-

बेटा, ये जमीन हमारे पुरखों की है। हमने इसे पसीने से सींचा है। और अब सरकार कह रही है कि इसे छोड़ दो। तुम ही बताओ, क्या कोई अपनी माँ को छोड़ सकता है?

उनकी झुर्रियों में जैसे इतिहास की परतें छिपी थीं - गोंडवाना साम्राज्य की यादें, जंगलों की खुशबू पहाड़ी नदियों का कल-कल करता कलरव। पर अब यह सब कुछ मिटने की कगार पर था। वजह थी - केन-बेतवा लिंक परियोजना। एक महत्वाकांक्षी योजना, जो कहती है कि नदियों को जोड़ने से समृद्धि आएगी, पर उस समृद्धि की कीमत कौन चुकाएगा? शोभारानी और उनके जैसे हजारों आदिवासी।

हमारी टीम ने गहदरा, रकसेहा, खमरी और मझौली जैसे गाँवों का दौरा किया। हर गाँव एक दर्द की दास्तान कह रहा था। बिजली नहीं, सड़क नहीं, पानी की बूंद-बूंद के लिए मीलों चलती महिलाएं! स्कूल हैं, पर मास्टर

नहीं। अस्पताल हैं पर वहाँ तक कोई पहुँच ही नहीं सकता और अब इन सबके ऊपर विस्थापन का खतरा।

खमरी गाँव के तीरथ सिंह से मिलना एक अलग अनुभव था। उनकी आँखों में गुस्सा था, पर वो संयमित तरीके से बोले -

"सरकार कहती है मुआवजा मिलेगा। लेकिन जो राशि दी जा रही है, उससे तो खेत का कोना भी नहीं खरीदा जा सकता। फिर हम कहाँ जाएं? जंगलों से दूर जाकर जीने का मतलब है अपनी पहचान खो देना। हम किसान हैं, पशुपालक हैं, जंगलों के रक्षक हैं। हमें मजदूर मत बनाओ।"

तीरथ सिंह की बातों में न केवल विरोध था, बल्कि चेतावनी भी थी। यह चेतावनी प्रशासन के लिए थी, समाज के लिए थी और कहीं न कहीं हम पत्रकारों के लिए भी, जो अक्सर रिपोर्ट कर आगे बढ़ जाते हैं।

सरकार की पुनर्वास नीति की असलियत तब समझ आई, जब ग्रामीणों ने हमें मुआवजा की पर्ची दिखाई। एक परिवार को दो-ढाई लाख रुपये और जो 18 साल से ऊपर हैं, उन युवाओं को सूची में शामिल ही नहीं किया गया। पशुधन-जो आदिवासियों की संपत्ति होती है-उसका कोई जिक्र ही नहीं।

पुनर्वास योजनाओं में न कोई पुनर्वास कॉलोनी तैयार, न स्कूल, न अस्पताल, न सिंचाई की योजना। पुनर्वास मानो सिर्फ फाइलों में ही मौजूद हों।

यह सब पढ़ते हुए मेरे मन में एक सवाल लगातार गूंज रहा था-"क्या विकास की परिभाषा सिर्फ सड़कें और बांध बनाना है? क्या एक पूरी संस्कृति को उजाड़ना विकास की कीमत हो सकती है ?"

इस क्षेत्र की गोंड, बैगा और आदिवासी आबादी सदियों से इस जमीन पर रही है। यह केवल उनका घर नहीं, बल्कि उनकी सांस्कृतिक आत्मा है। गाँवों में जगह-ज़गह मिट्टी की बनी देवी-देवताओं की मूर्तियाँ, लोक गीतों की धुन और जंगल की भाषा में गूँजती कहानियाँ, सब मिलकर एक जीवंत विरासत बनाते हैं।

शोभारानी कहती हैं- "हम जंगल से सिर्फ लकड़ी नहीं लाते, वहाँ हमारी पूजा है, हमारी परंपरा है, हमारी विरासत है, हमारी दादी-नानी की आत्माएँ हैं। सरकार ने हमें क़भी नहीं समझा। उनके लिए हम सिर्फ संख्या हैं-जिन्हें हटाकर सड़क बनानी है।

जब हम जयस (जय आदिवासी युवा शक्ति) के जिला अध्यक्ष मुकेश गोंड से मिले, तो लगा कि यह संघर्ष यूँ ही थमने वाला नहीं है।

उन्होंने बताया- "हमने जिला प्रशासन से कई बार मांग की है कि मुआवजा न्यायसंगत हो, 18 वर्ष से ऊपर के युवाओं को शामिल किया जाए, पुनर्वास योजनाएं पूरी की जाएं। अगर ऐसा नहीं होता, तो जयस प्रदेश स्तर पर आंदोलन करेगा।" ग्रामीणों ने भी दो टूक कह दिया- "जब तक जमीन के बदले जमीन नहीं मिलती, तब तक कोई कहीं नहीं जाएगा।"

यह दास्तान पूरे होते ही, वहाँ से भोपाल लौटते वक्त मेरी जेब में कई रिकॉर्डिंग थीं, कैमरे में दर्ज कुछ तस्वीरें और डायरी में दर्ज आवाजें थीं। लेकिन मेरे दिल में दर्ज थी शोभारानी की वो बात- "तुम लोग तो चले जाओगे बेटा, पर हम कहाँ जाएं?"

शायद यही वह सवाल है, जो भारत के हर उस कोने से गूंज रहा है, जहाँ विकास आदिवासी अस्तित्व और अस्मिता से टकरा रहा है।

# कलम की जगह लकड़ी

मैं, एक बार फिर पन्ना जिले के उन आदिवासी गांवों में पहुँचा, जहां बच्चे जंगलों से लकड़ी बीनकर शहर में बेचने जाते हैं, तब मुझे समझ आया कि गरीबी क्या होती है और संविधान की किताबों में लिखे अधिकार जमीन पर कितने बेबस दिखते हैं।

एक गर्म सुबह जब सूरज अपनी किरणें धरती पर बिखेर ही रहा था, मैं माझा लालिया नाम के एक गांव पहुंचा। रास्ते में मेरी मुलाकात आठ साल की एक बच्ची से हुई, जो अपने सिर पर भारी लकड़ी का गट्ठर लेकर नंगे पांव चल रही थी। वह मुझे देख थोड़ी झिझकी, फिर धीमे से बोली - "टेम हो रओ, हमें जान देओ, सौदा लेके जाने हैं घरे, नईतर रोटी केसें बनें।"

उसकी आंखों में थकान थी और चेहरे पर वह मासूमियत जो शायद कभी स्कूल की चारदिवारी के पार नहीं पहुंच पाई।

भारत के संविधान में अनुच्छेद 21 जो 6 से 14 वर्ष की उम्र तक के हर बच्चे को मुफ्त और अनिवार्य शिक्षा का अधिकार देता है। अनुच्छेद 24 बच्चों को खतरनाक और कठिन परिश्रम से बचाने की बात करता है। लेकिन इन बच्चों के लिए न शिक्षा है और न सुरक्षा। स्कूल तो केवल नाम भर के हैं, शिक्षक कभी आते हैं, कभी नहीं।

गांव से 6-7 किलोमीटर दूर जंगल, जहां बाघों की कहानियाँ सुनाई जाती हैं, वहीं से ये बच्चे लकड़ियाँ बीनते हैं। मैं खुद उनके साथ एक दिन जंगल की ओर चला। रास्ता उबड़-खाबड़ था, लेकिन उन बच्चों की आंखों में कोई न कोई खौंप और न ही कोई शिकायत। वे तो इस जीवन को ही अपना भाग्य, अपनी किस्मत मान चुके थे।

एक दस साल के बच्चे से मैंने पूछा कि क्या उसे स्कूल जाना अच्छा लगता है? उसने हंसते हुए कहा- "गांव मं खेले-कूदे से बढ़िया है, मैं लकड़ियाँ बेच के कछु पैसे कमा लउँ।"

उसके इस जवाब ने मेरी आत्मा को झकझोर दिया। इस मासूम उम्र में जब बच्चे कार्टून देखते हैं, दोस्तों के साथ खेलते हैं, वह जीवन के बोझ को समझ चुका था।

उसने बताया कि बारिश में घर का छप्पर टूट जाता है और नई तिरपाल लेने के लिए लकड़ी बेचनी जरूरी है। पिता मजदूरी करने शहर जाते हैं, लेकिन रोज काम नहीं मिलता। माँ खेतों में काम करती हैं। ऐसे में बच्चों का बचपन गुम होना मानो इस क्षेत्र की नियति बन गई है।

हम अक्सर टीवी पर "बेटी बचाओ-बेटी पढ़ाओ" और "सर्व शिक्षा अभियान" जैसे विज्ञापन देखते हैं। लेकिन पन्ना के इन जंगलों में ये सिर्फ दूर के ढोल सुहावने कहावत को चरितार्थ करते हैं। जिन बच्चों के नाम स्कूल में दर्ज हैं, वे महीने में एक-दो बार ही वहाँ जाते हैं, कारण साफ है - पेट की भूख।

इस पड़ाव के सफर में मैंने एक स्थानीय शिक्षक से बात की। उन्होंने कहा - "हम प्रयास करते हैं, पर बच्चों के परिवार इतने गरीब हैं कि वे पढ़ाई को लग्जरी समझते हैं।"

यह बयान किसी व्यक्ति का नहीं, बल्कि एक असफल व्यवस्था का आईना दिखाता है।

मैंने इस मामले पर जब पन्ना के महिला बाल विकास अधिकारी ऊदल सिंह से बात की तो उन्होंने चौंकाने वाली बात कही कि-"हमें इस समस्या की जानकारी नहीं थी।"

यह वाक्य अपने आप में प्रशासनिक उदासीनता लचर व्यवस्था की एक मिसाल था। अगर अधिकारी यह न जानें कि उनके ही जिले में बच्चे मजदूरी कर रहे हैं, तो फिर उन संवैधानिक जिम्मेदारियों का क्या मतलब रह जाता है, जो इन्हें सौंपी गई हैं?

पन्ना शहर के एक होटल संचालक सचिन अग्रवाल ने बताया -"यह दृश्य हम हर दिन देखते हैं। पर अब आदत सी हो गई है।"

यही सबसे डरावना दृश्य है। जब अन्याय भी सामान्य लगने लगे, तो समझो कि संवेदनाएं मर चुकी है।

मैं एक पत्रकार हूं, लेकिन उस दिन खुद को बहुत असहाय और असहज महसूस कर रहा था। मेरा कैमरा उन मासूम चेहरों को कैद कर रहा था, लेकिन उनका संघर्ष किसी खबर से कहीं बड़ा था। वो बच्चे मेरे साथ बात करते हुए भी जल्दी में थे, क्योंकि उन्हें लकड़ी बेचनी थी। उनका एक दिन खाली जाना मतलब, रात को बिना खाना खाए सो जाना।

अनुच्छेद 46 अनुसूचित जनजातियों के शैक्षिक और आर्थिक हितों की रक्षा की बात करता है। अनुच्छेद 14 समानता की बात करता है। अनुच्छेद 21 जीवन के अधिकार की बात करता है। पर इन बच्चों के लिए ये अनुच्छेद सिर्फ किताबों की बातें हैं।

क्या संविधान केवल दिल्ली, भोपाल और कोर्ट की बहसों तक सीमित है ? या उसकी आत्मा इन जंगलों में भी बसती है, जहां बच्चों का बचपन कुचला जा रहा है इन लकड़ियों की गठरी के नीचे ?

इस रिपोर्ट को लिखते समय मेरे मन में सवाल-दर-सवाल कौंध रहे हैं-क्या मैं केवल लिखकर ही अपनी भूमिका पूरी कर रहा हूं ? या मुझे कुछ और करना चाहिए?

इन बच्चों को स्कूल की जरूरत है, मिड-डे मील की नियमितता चाहिए, उनके माता-पिता को स्थायी आजीविका की जरूरत है। लेकिन सबसे ज्यादा उन्हें चाहिए-इंसान की नजर में इंसान होना चाहिए।

# निष्कर्ष

# आवाज जो जंगल से उठी, संविधान तक पहुँची

यह किताब एक ऐसे दिरकते, पथरीले, दर्दीले और जकड़ीले सफर की दास्तान है, जिसे मैंने बतौर पत्रकार नहीं, बल्कि एक संवेदनशील इंसान के रूप में जिया है। जब मैंने मध्यप्रदेश के आदिवासी इलाकों में कदम रखा, तो प्रारंभ में यह महज एक रिपोर्टिंग असाइनमेंट लगा-कुछ कहानियाँ, कुछ आँकड़े, कुछ फोटो और कुछ सरकार के जवाब। लेकिन जैसे-जैसे जंगल की पगडंडियों पर चलते-चलते लोगों की आँखों में सच्चाई के गहरे कुएँ झाँकने को मिले, महसूस हुआ कि यह यात्रा सिर्फ खबरों की नहीं है-आत्मा की पुकार है।

मैंने देखा कि जंगलों के बीच बसी ये सभ्यताएँ, परंपराएं, प्रथाएं सिर्फ जीवंत नहीं हैं, बल्कि एक सोच, एक दर्शन और एक विरोध की ताकत बन चुकी हैं। यह किताब इसी विरोध की, अस्तित्व की लड़ाई की एक कागजी गवाही है, जिसे एक माला में पिरोने का प्रयास किया गया है।

आदिवासी होना सिर्फ एक सरकारी दर्जा नहीं है। यह एक जीवनदर्शन है-जिसमें प्रकृति पूज्यनीय है, जिसमें जमीन सिर्फ जमीन नहीं

वह मां के समान है और जंगल सिर्फ संसाधन नहीं एक पूरा जीवनतंत्र है। जब कोई आदिवासी महिला यह कहती है कि "सरकार हमारे लिए सड़क नहीं बनाती, हम खुद रास्ता बनाते हैं, तो वह दरअसल उस आत्मनिर्भरता की बात करती है, जो विकास की परिभाषाओं से कहीं अलग है।

इस रिपोर्टिंग में यह साफ हुआ कि सरकारें अक्सर विकास के नाम पर आदिवासी समाज की उपेक्षा करती हैं। उनके घर उजाड़े जाते हैं, उन्हें विस्थापित किया जाता है, पर उनका पुनर्वास या अधिकार शायद ही सुनिश्चित किया जाता है। लेकिन यह भी देखा कि आदिवासी समाज अब खामोश नहीं है-वे अब संगठित हो रहे हैं, अपने अधिकारों के लिए आवाज उठा रहे हैं, अपने हक की लड़ाई लड़ रहे हैं।

आज पत्रकारिता का एक बड़ा हिस्सा शहरी मुद्दों, राजनीतिक उठापटक और टीवी डिबेट्स में उलझा हुआ है। लेकिन यह किताब इस बात का साक्ष्य है कि पत्रकारिता का असली चेहरा वहीं उजागर होता है, जहाँ "अनसुने" लोग अपनी "अनकही" कहानी कहते हैं।

जब मैंने पहली बार अनूपपुर के बैगाटोला में कदम रखा, तो वहाँ के सरपंच दादूराम की आँखों में निराशा तो थी, पर उम्मीद भी दिखी। उन्होंने बताया कि यहां कैसे वर्षों से सड़क, बिजली, पानी की माँग की गई, लेकिन कुछ नहीं हुआ। वहीं दूसरी ओर, शिवपुरी के सहरिया युवाओं से मिला, तो उनकी आँखों में अपने अस्तित्व की रक्षा का जुनून दिखा। कुछ तो पत्रकार बनने की सोच रहे थे, ताकि अपनी बात खुद रख सकें।

ये घटनाएँ बताती हैं कि रिपोर्टिंग सिर्फ माइक्रोफोन थामने का नाम नहीं है। यह भरोसा जीतने, वाद-संवाद करने, पीड़ा को महसूस कर पन्नों पर उकेरने की कला भी है।

हमारा संविधान आदिवासी समाज को विशेष सुरक्षा और अधिकार देता है। पाँचवीं और छठी अनुसूची, अनुसूचित जनजाति आदेश, वन अधिकार अधिनियम (2006), पंचायतों का अनुसूचित क्षेत्रों में विस्तार अधिनियम (च्म्ै।) - इन सबका उद्देश्य यही है कि आदिवासी समाज अपने संसाधनों, संस्कृति और पहचान को संरक्षित रख सके।

लेकिन यह किताब यह दिखाती है कि इन संवैधानिक वादों और जमीनी सच्चाई के बीच एक लंबी खाई है। उदाहरण के लिए-

जमीन का अधिकार : कई आदिवासी परिवारों को आज भी वनभूमि पर पट्टे नहीं मिले हैं, जबकि वे वर्षों से वहाँ निवासरत हैं।

शिक्षा : सहरिया और भारिया समुदाय के बच्चों के लिए भाषा एक बड़ा अवरोध है, क्योंकि शिक्षक उनकी बोली नहीं समझते।

स्वास्थ्य : आदिवासी अंचलों में प्राथमिक स्वास्थ्य केंद्र तक पहुँचना भी किसी युद्ध से कम नहीं।

यह स्थिति बताती है कि केवल नीति बनाना पर्याप्त नहीं है, उसे अमल में लाने के लिए सच्ची राजनीतिक इच्छाशक्ति और प्रशासनिक जवाबदेही भी चाहिए।

संस्कृति और परंपरा मिटाए जाने की साजिश

इस संकलन में कई जगह यह समझने को भी मिलेगा कि किस तरह आदिवासी समुदाय की भाषाओं, रीतियों और परंपराओं को शनैः-शनैः मिटाया जा रहा है।

मंडला के बैगा आदिवासी अब अपनी भाषा में संवाद नहीं कर पा रहे, क्योंकि स्कूली शिक्षा हिंदी में है। शिवपुरी में सहरिया बच्चों को उनके त्योहारों पर छुट्टी नहीं दी जाती। पातालकोट के भारिया आज भी जड़ी-बूटी का ज्ञान रखते हैं, पर उनके ज्ञान को वैज्ञानिक मान्यता नहीं मिलती।

यह एक सांस्कृतिक नरसंहार की धीमी प्रक्रिया है, जिसे समय रहते नहीं रोका गया तो हम भारत की एक समृद्ध विरासत को खो देंगे।

इस यात्रा में मैंने यह भी देखा कि आदिवासी समाज अब सिर्फ पीड़ित नहीं है, वह प्रतिरोध कर रहा है। युवा पढ़ रहे हैं, संगठन बना रहे हैं और सोशल मीडिया के जरिए अपनी बात जन के मन तक पहुंचा भी रहे हैं।

जैसे :-

डिंडोरी की युवा छात्रा रीना ने मुझे बताया कि वह "फॉरेस्ट ऑफिसर" बनना चाहती है ताकि अपने इलाके की जमीन खुद बचा सके। सहरिया क्रांति आंदोलन शिवपुरी में स्थानीय मुद्दों पर लगातार सरकार को घेर रहा है। पातालकोट में कुछ युवाओं ने मिलकर "आदिवासी ज्ञान बचाओ अभियान" शुरू किया है, जिसमें बुजुर्गों से पारंपरिक ज्ञान अर्जित किया जा रहा है।

अंतिम सवाल : क्या हम सुन रहे हैं?

इस निष्कर्ष को लिखते हुए मैं अपने आप से एक सवाल बार-बार पूछ रहा हूँ - क्या हम सच में आदिवासियों की बात सुन रहे हैं ? या हम सिर्फ उन्हें विकास की दौड़ में पीछे रह गया 'ग्राफ' मानते हैं ?

हमारा कर्तव्य है कि हम आदिवासी समाज की आवाज को "आवाजहीन" न होने दें। पत्रकारिता, राजनीति, प्रशासन और शिक्षा, हर क्षेत्र में हमें यह जिम्मेदारी लेनी होगी कि हम इन समुदायों के साथ खड़े हों, न कि उनके खिलाफ।

यह किताब सिर्फ समस्याओं का पुलिंदा नहीं है, बल्कि यह उस उम्मीद की वो लौ है जो जंगल के भीतर जल रही है, यह किताब वह चेतना है जो संविधान को अंतिम पक्ति में खड़े व्यक्ति तक पहुंचकर उसे जमीन पर लाने की कोशिश कर रही है।

अगर इस किताब के एक भी पाठक ने आदिवासी समाज के संघर्ष को समझने, उनसे संवाद करने और उनकी लड़ाई को अपनी बनाने के लिए प्रेरित किया - तो यह संकलन सफल है।

"जंगल में कोई चुप नहीं है, बस शहर की दीवारें ऊँची हैं"

इस किताब के माध्यम से, उन दीवारों में एक दरार डालने की कोशिश की गई है जो आज भी आदिवासी समाज की व्यथा को अनदेखा कर उनका मखौल उड़ाती है।

# लेखक परिचय

अंकित पचौरी, जिनका जन्म 12 अक्टूबर 1993 को दतिया जिले की बसई में हुआ। उन्होंने भोपाल के अटल बिहारी वाजपेयी हिंदी विश्वविद्यालय से एमए पत्रकारिता की डिग्री हासिल की और साल 2012 से पत्रकारिता में सक्रिय है।

वह प्रतिबद्ध और संवेदनशील पत्रकार हैं, जो बीते कुछ वर्षों से भारत के सबसे हाशिए पर खड़े समुदायों की आवाज को उचित मंच देने का काम कर रहे हैं। वे ''द मूकनायक' जैसे प्रतिष्ठित डिजिटल मीडिया चैनल प्लेटफॉर्म से जुड़े हैं और आदिवासी, दलित, महिला और श्रमिक वर्गों के सवालों पर निर्भीक और जमीनी रिपोर्टिंग के लिए पहचाने जाते हैं।

मूल रूप से मध्य प्रदेश से आने वाले अंकित पचौरी ने, न केवल प्रदेश के दूरदराज अंचलों में जाकर जमीनी हकीकत को उजागर किया है, बल्कि संविधानिक मूल्यों को केंद्र में रखकर अपने लेखन को सामाजिक बदलाव का औजार बनाया है। वे विकास संवाद जैसी संस्थाओं द्वारा आयोजित संविधानिक मूल्यों पर केंद्रित फेलोशिप का हिस्सा रह चुके हैं और जनपक्षधर पत्रकारिता में सक्रिय भूमिका निभा रहे हैं।

उनकी यह किताब, उनके रिपोर्टिंग अनुभवों और उन अनसुनी कहानियों का संकलन है, जो सत्ता, व्यवस्था और समाज की परिधि में अपना संघर्षी जीवन जी रहे लोगों की सच्चाई बयाँ करती है।

संपर्कः

**ankita2znews@gmail.com**

**+91-9303390909**

# संदर्भ एवं आभार

भारतीय संविधान

पुस्तक- जीवन में संविधन

द मूकनायक, नई दिल्ली

न्यूजलौन्ड्री, नई दिल्ली

विकास संवाद, भोपाल

सहरिया क्रांन्ति, शिवपुरी

श्री दीपक तिवारी, भोपाल

श्री राजेश बादल, भोपाल

श्री सचिन जैन, भोपाल

श्री संजय बैचेन, शिवपुरी

डॉ. इम्तियाज खान, भोपाल

श्री विपिन कोरी, भोपाल

श्री अजीत खरे, पन्ना

# कवरेज की स्मृतियां (फोटो)